KB076442

아가씨 각본

아가씨 각본

정서경 박찬욱

그책

작가의 말

〈아가씨〉를 쓸 무렵은 우리 집 작은아이가 돌이 되어서 걸어 다니기 시작했을 때였다.

작은아이가 외모나 성격에 있어서 큰아이와 정반대되는 기질을 가졌음에도 불구하고 누구의 도움도 없이 혼자서 일어나고자 하는 의지, 가고자 하는 방향으로 자유롭게 몸을 움직이려고 하는 노력, 계속되는 실패에도 결코 좌절하지 않는 태도와 같은 것이 큰아이와 거의 동일하다는 것에 나는 깊은 인상을 받았다. 사람은 아무리 다른 재료로 만들어져 있더라도 거쳐 가야 하는 삶의 단계에서는 같은 목표를 부여받는다는 생각을 했다.

그리고 내가 쓰려고 하는 두 여자아이들의 이야기를 떠올렸다.

하나는 길바닥에서 자란 작은 도둑, 하나는 닫혀 있는 성에서 자란 조그만 여왕. 두 여자아이가 완전히 다른 상황에 놓여 있는데도 같은 목표를 추구하고 있다면 어떨까? 두 아이는 사랑하는 사람을 찾으려 한다. 집을 떠나려고 한다. 자기 자신을 발견하려고 한다. 미래를 만들어가려 한다. 그때 히데코와 숙희에게 서로가 딱 맞는 답이 된다.

그래서 이것은 두 사람의 사랑 이야기이면서 성장담이다.

한 여자아이가 세상으로 나가기 전에 얼마나 엄마가 없는 것처럼 느껴지는지, 그리고 다른 여자아이를 발견하고 그녀의 아름다움에 얼마나 감탄하게 되는지, 그런 아름다움의 가능성이 나에게도 있는지 거울을 비춰보게 되고, 다른 여자아이를 아기처럼 돌보는 일에 얼마나 만족감을 느끼는지, 그렇게 돌봄을 받는 것이 얼마나 감미로운지, 그 아이를 돌보기 위해 얼마나 강인해질 수 있는지, 얼마나 사납게 싸울 수 있는지, 그런 것들을 쓰고 싶었다.

성인 여성이 되기 전에 나에게도 이런 일들이 일어났었다. 그래서 〈아가씨〉를 좋아하는 젊은 여성들을 보면 손을 꼭 잡고 싶어진다. 그 젊은 여성들은 나에게 '대화의 대상으로서 관객들'의 존재를 알려주었다. 사실 나는 시나리오를 완성하고 나면 한동안 대사들이 한 줄 한 줄 기억이 나서 영화를 보는 내내 마음속으로 동시에 재생하곤 했다. 아주 오랫동안 그것은 나 혼자서만 하는 놀이였다. 그런데 그 놀이를 다른 여자아이들이 하고 있다는 것을 알게 되었을 때 얼마나 놀랐는지, 얼마나 기뻤는지.

이 서문에서는 그 얘기를 꼭 하고 싶다. 그래서 참 고맙다고. 덕분에 시나리오 작가인 것이 약간 기뻤다고.

정서경

작가의 말

어느 독자에 대해서 이야기해보자. 이 모든 일은, 세상 여자 중에 제일 서책을 사랑하는 정연희 씨에게서 비롯되었다. 『핑거스미스』를 먼저 읽은 그가 남편이자 용필름 대표인 임승용에게 영화화를 제안했고 임대표가 내게 책을 건넸다. 런던에서 온 그 책이 내 영혼을 빨아들였다. 과연 감독이 운명을 걸어볼 만한 명품이었다. 그가 다른 감독이 아니라 내게 주었기 때문에 『핑거스미스』는 지금 이 모양 이 꼴의 영화가 될 수 있었다. 하지만 정서경이라는 작가가 곁에 없었다면 『핑거스미스』를 각색할 엄은 못 냈으리라, 나이만 먹었지 난 여자도 아니고....

본격적인 집필에 들어가기 전에 임대표와 프로듀서들, 작가와 감독이 모여 토론을 많이 했다. 큰 얼개가 그 시절에 대충 정해졌는데 뭐니 뭐니 해도 내게는, 하녀로 들어간 숙희가 조선말로 히데코를 부르는 순간이 결정적이었다. 숙희가 할 만한 대사를 짓다가 내 입으로 '아가씨' 하고 처음 불러봤을 때 말이다. 그 순간 나는 그것으로 제목을 삼자고 외쳤다. 그 순간 나는 이 이야기가 내 것이 되었다고 느꼈다. 그 순간 영국 소설 『핑거스미스』는 한국 영화 〈아가씨〉가 되었다. 현대에 와서 아저씨들이 앞장서 오염시킨 그 명사에 본래의 아름다움을 돌려주리라, 그 한 가지 생각에만 골똘했다.

내가 다른 일로 바빠서 서경이 먼저 초고를 쓰기로 했다. 아마 천지간에 아무도 없이 버림받은 기분이었을 게다. 그림 그리기에 비유하자면 재료와 사이즈, 구도만 정해진 상태에서 혼자 이 거대한 벽화의 밑그림을 맡은 셈이니.
몇 달 후 마침내 초고를 받아들었을 때 내가 얼마나 긴장했는지 모른다. 이 바닥 사람이라면 다 알지. 잠재력 가진 초고를 만나기가 얼마나 어려운지, 낳자마자 버려지는 핏덩이들이 얼마나 많은지.

그래서 초고가 어땠냐고? 난 웃었징....밑그림이나 좀 그려 두랬더니 채색까지 적잖이 해놓았으니까, 사람 당황스럽게시리....

작가가 워낙 단순한 기교를 능가하는, 사물의 본질을 꿰뚫어보는 재능을 가진 덕분이었다. 읽자마자 "거의 다 익은 것 같아!"라고 뇌까린 다음 이 각본에 내가 한 일이라고는 뭐랄까, 스토리에 입체감을 좀 더해준 정도? 그 비슷한 어떤 것.

그로부터 2년 후, 완성된 영화 〈아가씨〉의 팬들이 모인 커뮤니티를 자주 들락거리며 감탄하고 감동해 마지않던 모호필름 재무이사 김은희 씨는 사람들이 이 영화의 각본을 열렬히 가지고 싶어 한다는 사실을 알고 남편에게 정식출판을 제안한다. 영화 만드는 동안 가정에 소홀할 수밖에 없었던 나는 이제라도 싹싹한 남편이 되어보고자 그 제안을 받아들였고 사진집 『아가씨 가까이』를 낸 출판사 '그책'의 정상준 대표에게 썩썩하게 전화했다.
그 결과로, 각본 말고는 글 쓰는 일을 죽도록 싫어하는 내가 이렇게 서문 비슷한 것을 쓰고 있다.
그래도 따지고 보면 나란 놈은 정말이지 운도 좋지 뭔가, 팬들이 그 모든 어려움을 뚫고 〈아가씨〉에게 와주었잖아. 그래....그랬기 때문에 〈아가씨〉가 새롭게 태어나게 된 건 맞다. 모름지기 영화란 관객 하나하나와의 사적인 만남을 통해 무수히 새로 태어나는 법이 아니던가. 나는 참 행복하다, 감독이란 뭐니 뭐니 해도 손님들이 영화에서 좋은 냄새 난다고 그럴 때가 제일로 기쁜 법이니까. 나는 뿌듯하다, 〈아가씨〉는 내 아기씨니까. 그리고 또 나는 든든하다, 이렇게 〈아가씨〉를 사랑하는 이들이 〈아가씨〉를 지켜줄 힘까지 가졌으니까.

박찬욱

차례

작가의 말_정서경   5

작가의 말_박찬욱   7

아가씨 각본   11

아
가
씨

각
본

밑줄 쳐진 대사는 일본어의 번역입니다.
기울임체 대사는 보이스 오버 내레이션입니다.

1. [보영당] 앞 (낮) - 프롤로그

추적추적 비가 내려 온통 진흙탕이 되어버린 골목에 일본군 한 소대가 행진해 지나간다. 그 뒤를 꾀죄죄한 아이들이 따라다니며 논다.
엉성한 목조이층집들 중 하나 - [보영당寶嬰堂]이라는 간판이 걸렸고 그 아래에는 작은 글씨로 '전당포, 물품매매'.
끝단(20대)과 구가이(20대), 양팔에 아기 안고 포대기로 또 하나씩 업었다. 복순(50대)은 하나 업고 숙희(19세)는 하나 안았다. 여덟 아기 하나하나에게 뽀뽀해주는 숙희. 복순은 자기 머리에서 장식 달린 핀을 뽑아 숙희에게 꽂아주고는 포옹한다. 아기를 복순에게 넘기는 숙희, 급기야 울음을 터뜨리는 끝단이.

끝단이

내가 가야 되는데....그 왜놈 집엔 내가 가야 되는데....어떡해....

쓴웃음 지으며 끝단이 뺨을 쓸어주는 숙희, 돌아서 내키지 않는 걸음을 뗀다. 양손에 트렁크와 우산 들고 머리에는 보따리까지 이고 걷는 숙희, 돌아본다. 세 식구, 손 흔든다. 복순은 옷고름 끝으로 눈물을 찍어낸다.

2. 해안도로 (저녁)

달리는 차 한 대가 조그맣게 보인다. 흙먼지가 크게 일면서 노을빛을 받아 빛난다. 자막 - '第一部'.

3. 자동차 (저녁)

뒷자리에 앉은 숙희, 보따리를 풀어 기름종이에 싼 쑥떡을 꺼낸다. 하나 남았다. 오물오물 씹으면서 복순이 꽂아준 나비 장식 머리핀을 뽑는다. 날개 한쪽은 떨어져나간 상태지만 소중하게 보따리 깊숙이 넣어둔다.

4. 코우즈키 저택 대문 (밤)

지붕 달린 대문 앞에 이르러 차를 세우는 운전수. 대문 너머 꽤 큰 오두막에서 문지기가 나온다. 문이 열리자 하차하려고 주섬주섬 짐 챙기는 숙희. 운전수, 다시 출발하며 나직이 -

운전수
시기가 상조어....

5. 진입로 (밤)

좌우로 높다란 가로수들이 선 길을 한참 더 달리는 자동차.

6. 저택 앞 (밤)

일본/유럽 혼합양식의 저택이 희미하게 위용을 드러낸다. 차가 선다. 커다란 현관 앞에 선 사사키 부인(50대)의 굳은 얼굴. 올려다보는 숙희의 주눅 든 표정.

7. 중정 (밤)

등롱을 든 사사키 부인, 어두운 화관 복도를 앞만 보고 걸으면서 기복 없는 억양으로 말한다. 따라가는 숙희.

사사키 부인
이 집엔 건물이 셋이야. 영국 건축가가 설계한 양관하고
이 일본식 화관을 합쳐서 본채라고 해.
양식, 일식이 하나로 붙은 건물은 일본에도 없다지.
나리마님이 일본하고 영국을 존경해서 이렇게 지어달라고 하신 거야.
그다음은 별채인데 나리마님이 거기다 서재를 꾸며놓으셨어.
세 번째는 하인숙소야, 넌 아가씨 몸종이라 게서는 안 자고.

아가씨 모실 때 말고는 하인은 양관 현관으로 드나들면 안 돼.
아가씨 일과는 간단해....나리 마님하고 낭독연습하거나
뒷동산에 산책가거나.
아가씨가 남긴 음식은 먹어도 좋지만, 찻잎 남은 건 주방 아이들 몫이야.
기름하고 비누 남은 건 집사님 드리고....
도둑질이 밝혀지면 그날로 떠나야 한다?
물론 타마코는 그런 사람이 아니겠지만....
('타마코'라는 이름에 어리둥절해 하는 숙희를 돌아보며)
아, 타마코는 너야, 네 이름 '옥주'에서 따서....
이 집에선 다 일본식이거든.
나리마님하고 아가씨 앞에선 일본말만 쓰고.

8. 양관 계단 + 복도 (밤)

계단 홀로 연결된 복도를 걷는 사사키 부인.

사사키 부인
난 새로 하인 일을 시작했다는 치들은 신용 안 해,
인사는 그럴 듯하게 해도
불이라도 나면 제일 먼저 족자 같은 거 걷어서 달아나는 것들이라.

계단을 오르기 시작한다. 벽에 붙은 큰 액자 속 그림을 유심히 보면서
올라가는 숙희, 빨간 기모노 입은 대여섯 살짜리 소녀의 초상화다.

숙희
저도 대대로 족자 같은 거를....하인 일을 하던 집안 출신인데....

몸 돌리는 사사키 부인, 엄격한 얼굴로 내려다본다.

15

사사키 부인

타마코.....우리 나리마님은 세상 부자 중에

제일 서책을 사랑하는 분이셔.

서책 애호가 중에 제일 부자시고....

총독부에도 연줄이 있어서 전기까지 끌어다 쓰는데

이런 댁에 왔으니 네가 얼마나 싹싹한 하녀가 돼야겠니?

(이층 복도로 접어들면서 다시 앞 보며 걷는다)

가끔 전기 나갈 때 놀라지 말고.

하인들 다니는 복도는 따로 있으니까 잘 기억해둬.

9. 복도 + 숙희 방 (밤)

문 여는 사사키 부인. 뒤에서 기웃거리는 숙희. 벽장보다 조금 클까 싶은 방 안쪽에 침구, 맞은편에는 미닫이문. 사사키 부인, 들어가 침구 머리맡 등잔에 불을 옮겨 붙인다. 미닫이문을 향해 턱짓하며 속삭인다.

사사키 부인

히데코 아가씨는 신경쇠약이라 잠이 잘 깨셔.

숙희

아가씨가 조기 계시다고요?

쉿! 하는 사사키 부인. 놀란 눈으로, 미닫이문을 돌아보는 숙희.
창밖에서 들여다본 모습 – 미닫이문을 마주보는 숙희. 사사키 부인이
방을 나간다.

10. 후원 (밤)

멀리서 본 저택 본채의 뒷모습, 숙희 방에서만 희미한 불빛이 흘러나온
다.

지붕 위 하늘 - 어서 나머지가 차오르기만 기다리는 듯 어정쩡하게 오른쪽 반만 보이는 달.
가느다란 막대기 모양 구름이 찌를 듯이 달을 향해 다가오면서 -

11. 숙희 방 (밤)

미닫이문에 그려진 보름달로 디졸브.
그 아래 펼쳐진 파도 모양 연속무늬.
혼자 남겨진 숙희가 아직도 문을 응시하고 있다. 흔들리는 등불에 벽지의 파도가 일렁이는 것 같다. 살짝 문 열고 아가씨 방을 들여다본다. 횡-밀려드는 바람 소리, 얼른 닫는다. 잠깐 기다렸다가 또 열고 들여다본다. 뭔가 그림자가 너울거리는 것 같다고 느끼는 순간 가까이서 들리는 쿵- 소리. 기겁해서 이불 속으로 쏙 들어간다.

잠시 후 -
어느덧 깊이 잠든 숙희.

히데코

(소리)

あああっ！ お母様！

아아악！ 엄마！

깜짝 놀라 벌떡 일어나는 숙희, 문 열고 뛰어나간다.

12. 히데코 방 + 후원 (밤)

화려한 양식 침대에서 낡은 도기인형을 안고 자면서 비명 지르는 히데코(25세). 흔들어 깨우는 숙희.

숙희

お嬢様、お嬢様…大丈夫でございますか。

아가씨, 아가씨....괜찮으세요?

히데코

(눈도 겨우 뜨고 허둥대며)

純子? 純子なの?

준코? 준코니?

숙희

純子さんはお暇を出されて、私が新しく参りました。

悪い夢でもご覧になったんですね。

준코는 쫓겨났고요, 제가 새로 왔어요.

나쁜 꿈 꾸셨나 봐요.

차츰 현실감을 찾는 히데코, 그래도 무섬증은 안 가라앉는지 이불을 둘러쓰고 숙희한테 손을 내민다.

히데코

おまえの部屋に行こう。

네 방 가자.

숙희

はい?

네?

히데코

ここだと叔母様が見えるの……

예서는 이모가 뵌단 말야....

숙희

はい?

네?

히데코

あそこに大きな桜の木が見えるでしょう、

あたしの叔母様、気が狂って、そこで首を吊ったの。

月のない夜になると叔母様の幽霊が、ほらあそこに、ぶらぶら……

저기 큰 벚나무 보이지, 우리 이모가 미쳐가지고 거기 목을 맸거든?

가끔 달 없는 밤이면 이모 귀신이 저기 대롱대롱….

창가로 가는 숙희, 과연 거대한 꽃덩어리 같은 벚나무가 보인다. 그 틈에 이불을 뒤집어쓰고 숙희 방으로 달려가는 히데코. 탁자에 놓인 물건들이 이불에 쓸려 와장창 떨어지자 숙희도 "와아악!" 하고 소리 지르며 우당탕탕 뛰어간다.

13. 숙희 방 (밤)

숙희 침상에 누운 히데코가 잠꼬대 비슷하게 중얼대는 사이, 여행가방에서 사케병과 티스푼을 꺼내는 숙희.

히데코

みんな、伐ってしまえと言ったけど、叔父様が頑なに拒んで。

富士山の麓から来たあの木が、叔母様の魂を吸い込んだっていうの。

だけど、その年から、花はほれぼれするように、

もっと長く咲くのよ。

다들 잘라버리자고 했는데도 이모부는 고집을 부렸어.

후지산 아래서 온 저 나무가 이모 영혼을 빨아들였다면서.

근데 그해부터 꽃이 더 탐스럽게, 더 오래 피긴 해.

숙희

さあ…これ召し上がれ。
자....이거 드시는 거예요.
(갓난아기 다루듯 히데코의 머리를 안고 사케 한 스푼을 먹이며)
あたしの叔母はね、寝起きにぐずった赤んぼうにこうするのよ。
저희 이모는 자다 깨서 우는 아기한테 이렇게 해요.

히데코

(마시고 쩝쩝 입맛 다시더니, 눈 감으며)
本物の赤んぼって一度も見たことないの。
난 진짜 아기는 한 번도 못 봤어.

숙희

(아기 엉덩이를 두드리듯 히데코의 등을 통통 두드리며 자장가)
새야 새야, 파랑새야....녹두밭에 앉지 마라
(히데코의 머리며 목에 코를 대고 냄새를 맡으면서)
이 냄새가 뭔 냄샌가....쓴가 하면 새콤하고
신가 하면 다디달고....단가 하면 고소하고.

어린 처녀가 할머니같이, 노래인지 염불인지 모르게 중얼중얼....

14. 하인 식당 (아침)

커다란 상 주위에 앉아 아침 먹는 남녀 하인 열댓 명, 소란스럽다. 외톨이 숙희, 조용히 된장국에 밥 말아 먹는다. 깔깔대는 소리 들릴 때마다 그쪽을 돌아보지만 그들은 숙희를 투명인간 취급한다.

15. 하인 숙소 앞 (아침)

사사키 부인이 기다리는데 고무신을 찾는 숙희, 한 짝만 있다. 입구에서 고개를 빼꼼 내밀고 지켜보던 하녀 셋, 웃음을 터뜨리고 도망간다. 비까지 내리기 시작해 땅바닥이 젖는 꼴을 본 숙희, 사사키 부인 못 듣도록 조그맣게 –

숙희
하– 요 씨발 것들을....

16. 히데코 방 (아침)

화장대 앞에 앉은 히데코, 방 가운데 선 사사키 부인과 숙희. 버선까지 벗은 한쪽 맨발의 발가락을 오므리고 선 숙희, 고개는 다소곳이 숙였다.

사사키 부인
珠子です。
타마코입니다.

숙희
よろしくお願いいたします、お嬢様。
잘 부탁드립니다, 아가씨.

허리를 한껏 굽혔다가 펴면서 히데코를 비로소 제대로 본 숙희, 눈이 휘둥그레지지만 애써 그런 기색을 감춘다. 밝은 데서 다시 보니 유난히 창백한 피부에 우아한 자태가 여간 아름다운 게 아니다.

히데코
初めまして。
만나서 반가워.

꽤나 무기력하게 말하는 히데코. 숙희, 엉겁결에 따라서 –

숙희

初めまして、お嬢様。
만나서 반갑습니다, 아가씨.

비밀을 공유한 사람끼리의 신호처럼 어둡고 희미한 미소를 사사키 부인
모르게 지어 보이는 히데코. 사사키 부인의 눈치를 살피는 숙희, 서둘러
소매부리에서 봉인된 봉투를 꺼낸다.

숙희

以前お仕えしていた、南夫人からいただいた紹介状です。
전에 모시던 미나미 부인께서 주신 추천장입니다.

히데코

(관심 없다는 듯, 받아서 개봉도 않고)
そう、ここが気に入って?
그래, 이 고장은 맘에 드니?
(미모에 얼이 빠져서 얼른 반응 못하는 숙희, 독백하듯 말하는 히데코)
…ここは決して日がサンサンと照ることはないの、
叔父様が禁じられたのよ。
陽の光は本をだめにするからって……
こんな薄暗いところ気にいるはずがないわね。
....여긴 절대 볕이 쨍쨍 내려쬐지 않아, 이모부가 금지하셨으니까.
햇빛은 책을 바래게 하거든....이렇게 우중충한 곳을 좋아할 순 없겠지?
(웃어야 할지 말아야 할지 분간 못하고 곤란해 하는 숙희)
心にもないこと言えないわよね。
私たち少し似ているわ。それに、孤児だし。
맘에 없는 말은 못하는구나? 우린 좀 닮은 것 같아.
게다가 또 고아라지?

사사키 부인
じゃあ、私はこれで……
그럼 전 이만....

물러나는 사사키 부인을 지켜보며 말을 잇는 히데코.

히데코
亡くなった叔母様とそちらの佐々木夫人が、
私に母親の愛を教えて下さろうと、とてもご苦労……
뭐, 나야....돌아가신 이모하고 저 사사키 부인이
어머니의 사랑을 알려주려고 애를 많이....
(사사키 부인 나가고 문 닫히자)
....안 쓰셨지만.

난데없는 조선말에 놀라는 숙희, 당황하지 않은 척한다. 창가에 가서 추천장 봉투를 뜯는 히데코, 긴장해서 보는 숙희. 5초 만에 읽기를 그만두는 히데코, 창백해진 얼굴로 눈을 감으며 힘없는 소리로 -

히데코
낭독연습 시간만 다가오면 이렇게 두통이 나....
(추천장을 숙희에게 돌려주며)
좀 읽어줄래?

숙희
はい?
예?
(얼떨결에 편지를 받아든 상태에서 당황, 일단 한 번 껄껄 웃고)
まあ−嬉しい、南夫人がこんなに私を評価してくださったなんて！
어머나− 고마워라, 미나미 부인이 정말 저를 높이 평가해 주셨네요!

23

히데코

(덩달아 흐뭇해지며)

아- 그래?

계속 빤히 보면서 읽어주기만 기다리는 히데코. 숙희, 상황을 회피할 묘수를 찾느라 끙끙 앓다가 -

숙희

お嬢様は、日本人なのにどうして日本語をお使いにならないの?

아가씨는 일본분이 왜 일본말 안 쓰세요?

히데코

지긋지긋해, 이모부가 읽으라는 글들이 다 일본 거거든.

그러니까 네가 좀 읽어줘.

하는 수 없이 편지를 내려다보는 숙희. 멋진 필체의 일본어 펜글씨가 고급종이에 가득. 얼굴이 빨개지고 코끝에 땀이 맺힌 숙희, 읽는 척하면서, 악착같이 기억을 되살려 -

숙희

和泉秀子お嬢様へ

…藤原伯爵によりますと、侍女をお探しだとか。

そもそも侍女というのは…匙とも…いえ、箸とも似ておりまして……

이즈미 히데코 아가씨께.

....후지와라 백작님 말이, 하녀를 찾으신다고요.

원래 하녀란....숟가락하고....아니, 젓가락하고 비슷해서....

(시력 나쁜 사람처럼 편지를 가까이 대고

실눈을 뜨며, 자신 없어 기어들어가는 소리)

....숟가락....인가....?

(절망하면서 멈춘다. 눈 감고 심호흡하더니

히데코를 향해 눈 뜬다. 수치심 가득한 표정으로)

....읽을 줄 몰라요, 아가씨.

히데코

전혀? 그럼 조선 글은?
(눈썹연필로 종이에 무어라 갈겨쓰는 히데코,
숙희에게 보여준다. 우리는 볼 수 없다)

네 이름이야, 이름도 몰라?
(비참한 얼굴로 고개 젓는 숙희를 가만히 관찰하다가
자비로운 미소를 지으며)

글 같은 거 배우면 그만이고, 욕을 해도 좋고 도둑질도 해도 좋은데....
(정색하고)

나한테 거짓말만 하지 마....알았니?

숙희

(속상한 마음을 추스르고 씩씩하게)

예, 아가씨!

히데코, 얇은 가죽장갑 낀 손으로 가까이 오라고 손짓한다. 냉큼 달려가는 숙희. 히데코, 가문의 문장이 새겨진 작은 로켓을 열어 보여준다. 안에 젊고 예쁜 여성의 옆얼굴 초상화가 들었다.

히데코

울 엄마야.

숙희

매초롬-하니 참 미인이세요.

히데코

나는?

(무슨 말인지 몰라 히데코를 돌아보는 숙희)
매초롬-해, 나도? 말해봐, 맘에 없는 소리 못하잖아.
(자세히 보라는 듯 고개를 옆으로 돌린 채 꼼짝 않고 앉은 히데코.
이제 맘 놓고 히데코를 관찰하는 숙희, 얼굴까지 빨개진다)
다들 그러던데....난 엄마만 못하다고.

숙희

어....후지와라 백작님 말씀으로는....

돌아보는 히데코, 특별한 관심을 애써 억누르며 -

히데코

백작님 만난 적 있나보지? 친해?

숙희

예? 아니, 뵌 적은 없지만....
이모, 그러니까 '저희' 이모한테서 전해 들었죠.
이모가 백작님 유모였거든요.

히데코

나에 대해서 뭐라셨대, 백작님이?

숙희

아가씨 얼굴은....
어....매일 밤 자기 전에 다시 생각나는 액수....생각나는 얼굴이래요.

수줍게 보일락 말락 미소 짓는 히데코, 들릴락 말락 혼잣말로 -

히데코

....왜 하필 자기 전에 그러실까....?

로켓을 화장대 위에 올려놓는 히데코, 갸웃하며 거울을 들여다본다. 그 틈에 또 히데코 얼굴을 관찰하는 숙희, 히데코가 무심코 돌아보는 바람에 시선이 마주친다. 히데코, 잊고 있었다는 듯 발을 가리키며 –

히데코
발은 왜 그래?

잠시 후 –
바닥부터 천장까지 칸칸이 가득 찬 신장. 앞에 서서 벌어진 입을 못 다무는 숙희, 입 벌린 채로 히데코를 돌아본다.

히데코
갈 데가 없잖아, 난....다섯 살에 처음 조선 왔을 때부터 이 집서 그냥....
('그런데?' 하듯 보는 숙희에게)
그런데 새 신을 신으면 노상 다니던 길도 처음 가는 것 같거든....
요기부터 요기까지가 네 발에 맞을 거야.
(놀라서 돌아보는 숙희에게 괜찮다는 미소를 보이다가,
숙희가 대뜸 가장 수수한 것을 고르자)
왜, 더 고운 거 하지? 이거나....아니면, 이거....
(말없이 고개 저으며 배시시 웃는 숙희.
히데코, 시계 보더니 한숨을 크게 쉬고 서랍에서
하늘색 양가죽장갑을 꺼내 끼면서)
낭독연습 갈 시간이야.
(숙희가 따라나설 차비를 하자)
혼자 갈 거야.

숙희
예에? 비도 오시는데?

히데코

(손목시계를 풀어 주며)

정오 되면 와서 문 두드려 줘, 꼭....알았지?

혼자 나가버리는 히데코. 문 닫히자 바로 무표정해지는 숙희, 보석함 앞
으로 가 서랍을 연다. 안에 든 브로치, 귀걸이, 목걸이 등을 대충 훑어보
기만 하고 도로 내려놓는다. 금세공된 오페라글라스만 집어 들고 창가
로 간다, 내려다본다. 지우산 쓴 히데코가 내키지 않는 걸음을 옮기며
후원을 가로지르는 모습을 오페라글라스로 좇아가며 보는 숙희, 안심하
고 옷장으로 와 문을 연다. 선반마다 곱게 개켜진 기모노들, 그 화려한
천들을 스르륵 쓸어보다가 하나를 꺼내 펼친다. 앙증맞게 작고 빨간 어
린이 기모노, 초상화 속 아이가 입은 바로 그 옷이다. 수놓인 흰 구름을
유심히 보다가 허리끈에 연결된, 왕사탕만 한 쇠구슬들이 줄줄이 엮인
문진을 발견한다. 만져보고 흔들어보지만, 용도를 짐작할 수 없다.

잠시 후 –
옷장서랍을 열자 가죽장갑 수십 켤레가 세로로 빽빽하게 정리되어 있
다. 고개를 절레절레하는 숙희.

잠시 후 –
인형의 집을 들여다본다. 가구며 소품들이 정교하게 재현된 실내. 옷장
도 따로 있다, 열면 앙증맞은 옷들이 잔뜩.

잠시 후 –
바닥에 아무렇게나 철퍼덕 앉은 숙희, 커다란 장식 달린 모자를 쓰고 거
울을 본다. 이런 걸 왜 쓰는지 알 수 없다는 듯 벗고 다른 모자상자를 열
어보는 숙희, 타조 깃털 장식, 과일 장식 같은 것을 한심하게 보다가 마
지막 상자를 연다. 뱀이 똬리를 틀 듯 동그랗게 말린 밧줄을 발견하고
고개 갸우뚱하는 숙희.

17. 후원 (낮)

부슬부슬 가는 비 내린다. 우산도 없이 종종걸음 하는 숙희, 오래된 벚나무 앞을 지난다. 꽃잎은 바람에 지고 젖은 나무의 몸통이 번들거린다. 왠지 스산하다. 불길한 생각을 떨쳐버리고 가던 길을 재촉하는 숙희.

18. 별채/서재 (낮)

2층 높이 별채 앞에 서서 기다리는 숙희, 히데코가 준 고급 신에 묻은 물기를 꼼꼼히 닦는다. 안에서는 나지막한 히데코와 이모부의 목소리 들린다. 문에 귀 대보는 숙희.

코우즈키
いつもこんな風に謝っておきながら！
언제나 이런 식이야, 잘못했다고 하고선!
(히데코의 손목시계가 정오를 가리키자
서슴없이 문짝을 두드리는 숙희)
また、また、また！
또, 또, 또!

똑똑똑 노크 소리가 정확히 코우즈키의 '또, 또, 또!'에 겹쳐진다. 아무래도 실내의 두 사람은 못 들은 모양이다, 침묵이 흐른다. 용기를 내는 숙희, 두꺼운 참나무 문짝을 힘껏 민다.
이 별채는 온전히 서재에 바쳐졌다. 2층 높이까지 세 방향으로 둘러싼 책장, 빼곡히 들어찬 책들. 여기저기 걸리고 세워진 그림과 조각상. 입구 쪽으로는 복층으로 올라가는 계단, 맞은편 유일하게 서가가 안 세워진 벽에는 작은 무대처럼 생긴 도코노마. 뻥 뚫린 가운데 공간에는 거대한 책상 놓았고 그 뒤에 검정 기모노 입은 코우즈키(50대)가 앉았다. 그 맞은편, 서기의 것 같은 작은 책걸상 옆 바닥에 히데코가 고개 숙인 채 무릎 꿇고 앉았다. 숙희 쪽에서는 둘의 옆모습이 보인다. 눈이 커지는 숙희, 저도 모르게 발을 들여놓는다. 코우즈키, 눈썹을 세우고 돌아본다.

녹색 렌즈로 된 안경을 썼고 히데코처럼 얇은 가죽장갑을 끼었다. 코우
즈키, 아이가 없는지 누구냐고 묻는 대신 히데코를 본다.

히데코

新しく来た娘です。

<u>새로 온 하녀예요.</u>

숙희가 공손히 인사하기 위해 한 걸음 더 내딛으려 하는데 기겁하는 코
우즈키, 펜 든 손으로 숙희 앞 방바닥을 가리키면서 절규한다. 펜이 흔
들리면서 잉크가 바닥에 흩뿌려진다.

코우즈키

蛇、蛇、蛇！

<u>뱀, 뱀, 뱀!</u>

내려다본 숙희, 큼직하게 똬리 튼 뱀을 보고 비명. 코우즈키가 늘어진
줄을 잡아당기자 벽에 접혀 있던 주름식 쇠창살이 쫙 펼쳐진다. 재빨리
물러서지 않았다면 치일 뻔했다. 다시 보니 뱀은 바닥에 붙박아놓은 채
색도기다.

히데코

それ以上入っちゃだめ。

<u>거기서 더 들어오면 안 돼.</u>

코우즈키

肝に命じておけ、蛇は「無知の境界線」だ。

<u>명심해라, 뱀이 '무지의 경계선'이다.</u>

회중시계를 꺼내보더니 안경을 벗고 약통에서 알약을 하나 꺼낸다. 약
을 올려놓는 혓바닥이 시커멓다. 그러고 보니 입술도 아래위 맞닿은 부

분이 꺼멓게 색이 죽었다. 물로 약을 삼키면서도 뚫어지게 숙희를 보는 코우즈키.

19. 후원 (낮)

우산 함께 쓰고 걷는 숙희와 히데코.

히데코
골똘히 생각할 때 펜촉에 침 묻히는 버릇이 있어서 그래....
그렇게 지저분한 분 아니야.
근데 넌 무슨 하녀가 우산을 저 혼자 다 쓰니?

그제서야 정신 차리고 우산 든 팔을 길게 뻗어 상전을 받쳐주는 숙희. 둘의 모습이 벚나무 가지 사이로 조그맣게 내려다보인다. 갑자기 히데코 걸음이 빨라지자 따라가느라 애먹는 숙희.

숙희
お嬢様、お嬢様！
아가씨, 아가씨!

20. 히데코 방 (낮)

숙희와 히데코가 들이닥친다. 히데코 얼굴이 창백하다. 당황한 숙희를 두고 화장실로 달려가는 히데코, 대야에 대고 토하기 시작한다. 눈이 휘둥그레진 숙희, 따라가 등을 두드려준다.

히데코
괜찮아, 원래 이래....책 멀미야, 괜찮아....
저 일본말 책들은 너무 따분하거든....괜찮아....

머리를 숙인 채로 힘없이 말하는 히데코가 가여워서 혀를 차는 숙희.

숙희

차암, 뭔 놈의 책을 얼마나 읽길래....

(히데코 등을 탕탕 쳐가면서)

우리 아가씨 박사 되시겠네, 박사!

21. 하인 식당 (아침)

긴 상 주위에 두 줄로 마주 보고 앉아 식사하는 열댓 명의 하녀들, 끝에 앉은 숙희. 하녀1이 벌떡 일어나더니 쭈뼛쭈뼛 숙희 앞으로 온다. 음음, 하고 헛기침을 해서 모두의 주목을 끈다. 영문 몰라 올려다보는 숙희. 고무신 한 짝을 내미는 하녀1, 용기를 끌어 모아 큰소리로 선언하듯 말한다.

하녀1

장난쳐서 미안해....다시는 안 그럴게, 용서해줘.

어째야 할지 몰라 어정쩡하게 고개 끄덕이는 숙희. 숙제 마친 아이처럼 재빨리 제 자리로 돌아가 밥 먹는 하녀1, 어지간히 억울한지 먹으면서도 눈물을 찔끔찔끔 흘린다.
하녀3이 팔랑팔랑 뛰어와 맨 끝에 있는 하녀2에게 뭐라고 속삭인다.

하녀2

정말?

얼굴에 화색이 도는 하녀2, 맞은편과 옆자리 하녀에게 속삭인다. 소문은 두 줄의 귓속말 파도를 타고 퍼진다, 중간의 숙희만 빼고. 숙희 뒤로 몸을 빼서 소곤대는 좌우 하녀들. 하녀1조차 언제 울었냐는 듯 반색. 소식 들은 이는 웃으며 기뻐하고 아직 못 들은 이는 궁금해 한다. 사사키 부인이 나타나자 중단되고 못 들은 하녀들은 안달이 난다.

22. 히데코 욕실 (낮)

편백나무 욕통에 들앉아 막대사탕을 빠는 히데코, 옷 벗긴 인형을 씻긴다. 같은 크기의 예쁜 유리병들이 가지런히 든 등나무 바구니가 옆에 놓여 있다. 병에는 여러 색깔 오일이며 향료 따위가 들었다.

히데코
후지와라 백작님이? 오늘?
(고개 끄덕이는 숙희를 외면하는 히데코, 얼굴 빨개지면서 혼잣말처럼)
그래서 그렇게 목욕하라고 설쳤구나....?

숙희
저희 이모는요....손님 오신다 하면 먹던 숟가락도 놓고
아기씨를 씻겼대요.
손님이 아기한테서 좋은 냄새 난다 그럴 때가 제일로 기뻤거든요.
....아가씨는 제 아기씨세요.
(기분 좋게 웃는 히데코)
....이모가 아기 씻길 때 사탕을 물리거든요,
목욕이 얼마나 달콤한지 가르쳐준다고.
특히 백작님은 사탕 안 주면 절대 물에 안 들어가는 아기였대요.

히데코
(볼을 손으로 비비며 눈물이 글썽)
장난꾸러기였을 것 같아, 백작님은....

숙희
왜 그러세요?

히데코

입안이 자꾸 베여....이 하나가 뾰족한가봐.

숙희, 양손으로 히데코의 얼굴을 감싸쥐고 들여다본다. 간유리를 통해 희미한 햇빛이 들어올 뿐이지만 히데코의 벌어진 입안에 분홍빛 혀와 흰 이들은 잘 보인다. 손가락을 넣어 하나씩 만져보더니 재빨리 욕실 밖으로 뛰어나간다. 의아하게 바라보는 히데코. 또 뛰어서 돌아오는 숙희, 은제 골무를 보여주며 자기 입을 벌려 보인다. 따라하는 히데코, 골무 낀 손가락을 집어넣어 이를 갈기 시작하는 숙희. 사각사각. 처음에는 눈을 감고 있더니 어느새 숙희를 보는 히데코, 뺨이 붉게 물든다. 덩달아 부끄러운 기분이 드는 숙희, 정신을 딴 데 팔려고 숨을 크게 들이마셔 향을 음미한다. 오히려 취할 듯 감미롭다. 혼잣말로 중얼거리는 숙희.

숙희

이 냄새였구나....

입을 크게 벌리고 있어 말을 못하는 히데코, 그저 동의하듯 신음 소리를 낸다. 숙희, 히데코의 시선을 피해 목을 본다. 히데코가 침을 삼키자 울대뼈가 올라갔다 내려온다. 시선이 내려간다. 수면 아래로 보이는 히데코의 젖꼭지가 숨 쉴 때마다 오르락내리락한다. 히데코의 눈꺼풀이 파르르 떨리더니 숙희를 본다. 이윽고 골무를 빼는 숙희, 맨 손가락으로 이를 가만히 문질러 매끄러워졌는지 확인한다.

숙희

매끈매끈해요.

히데코, 혀로 확인하더니 괜히 딴 데 보며 -

히데코

냄새 좋아? 너도 들어올래?

숙희

예?

대답 대신 슥 돌아보는 히데코. 부끄럽기도 하지만 향기의 유혹에 빠져, 멋쩍은 웃음을 터뜨리며 겉옷을 벗는 숙희. 노크 소리 들리자 화들짝 놀라 고름 풀던 손을 멈춘다.

하녀3

(소리)

藤原伯爵様が、二時間後にお着きになると、連絡が入りました。
후지와라 백작께서 두 시간 후에 도착하신다는 전갈이 왔습니다.

23. 현관 (낮)

사사키 부인과 집사, 하인들이 나란히 서서 인사한다. 여자들은 각자 제일 좋은 옷을 차려입었다.
기모노 차림의 백작(30대)이 차에서 내려 집에 들어선다. 짐 든 운전수가 뒤따른다. 골고루 눈 맞추며 인사하는 백작. 못마땅한 표정의 남자 하인들, 활짝 웃는 여자 하인들.

24. 응접실 (낮)

노크 소리에 히데코가 몸을 돌린다. 하인의 안내를 받으며 백작이 들어선다.
문 옆에 선 숙희를 거들떠도 안 보고, 아름답게 차려입은 히데코를 향해 직진하는 백작의 귀족적인 태도.

백작

到着するなり応接間に通していただき、恐縮でございます。
旅行中のもので、こんな身なりでございますが。
도착하자마자 응접실에 들여주시다니 정말 친절하십니다.
여행 때문에 옷차림이 이 지경인데도 말이죠.
(그러나 백작의 차림새에는 한 점 흐트러짐이 없다.
똑바로 마주보지도 못할 만큼 부끄러워하면서 목례하는 히데코,
더 너스레를 떠는 백작)
ご無沙汰しております。
もうご心配なく、わたくしが興味深いお時間を提供いたしましょう。
그간 무료하셨겠지만 이제 걱정 마십쇼,
제가 흥미진진한 시간을 만들어 드리겠습니다.
(히데코 뒤의 거울을 통해 뒤늦게 숙희 발견하고)
あ、おまえが玉珠だな?
아, 네가 바로 옥주?

숙희

(허리 굽혀 공손히 인사하며, 히데코에게 했을 때와 똑같은 말투로)
よろしくお願いいたします、旦那様。
잘 부탁드립니다, 나리.

백작

おまえがへましたら俺まで危^{あや}うくなるんだ、わかってるな。
네가 잘못하면 내가 난처해진단 거, 알고 있지?
(숙희 바로 앞에 서서 얼굴을 빤히 들여다보면서)
ふ～ん…朝鮮人にしては悪くない骨相^{こっそう}だ。
さあ、言ってみろ…やるべきことは忠実にやってるのか。
흠음....조선인치고 골상이 나쁘지 않구나.
자, 말해 보거라....네 할 일은 충실히 하고 있느냐?

숙희, 히데코 눈치를 살피느라 선뜻 대답을 못한다. 대신 나서서 답해주
는 히데코의 음성.

히데코

(소리)

ご紹介いただき感謝いたします。

伯爵様はわたくしのために完璧な人を探してくださいました。

추천 감사드려요, 백작님은 절 위해 완벽한 사람을 골라주셨어요.

백작

鈍い娘は絶対にだめだとおっしゃったので、骨を折りました。

절대 둔한 아이는 안 된다고 하셔서 애써봤습니다.

(주머니에서 은화를 하나 꺼내 숙희에게 주며)

お寂しいお嬢様をよろしく頼む。

외로우신 우리 아가씨를 잘 부탁한다.

(또 히데코 눈치를 보는 숙희)

…さあ。

....어서.

히데코가 고개 끄덕여주자, 무릎을 굽히고 은화를 받는 숙희. 만족스럽
게 미소 짓는 백작.

25. 히데코 방 앞 복도 (낮)

하녀3이 뛰다시피 걸어와 문을 두드린다. 숙희가 안에서 문 열어주자,
간단한 얘기를 어렵게 전한다.

하녀3

藤原伯爵様が、秀子お嬢様の小間使いの珠子を、

伯爵様のお部屋にちょっとよこしていただけないかと、

お嬢様にお尋ねでございます。
후지와라 백작님께서, 히데코 아가씨의 몸종 타마코를
백작님 방으로 잠깐 심부름보내기를 허락해달라고
아가씨께 여쭤십니다.

무슨 일일까, 불안한 얼굴로 히데코를 돌아보는 숙희.

26. 복도 + 손님방 (낮)

하녀3이 숙희를 데리고 와서 손님방을 가르쳐준다. 숙희, 하녀3이 가리
키는 문짝을 노크하며 예쁜 목소리로 -

숙희
お呼びでございますか、旦那様。
부르셨습니까, 나리.

백작
(소리)
入りたまえ。
들어오너라.

숙희, 문 연다. 열린 여행가방, 벗어던진 기모노. 양복 정장으로 갈아입
고 보타이까지 맨 백작이, 숙희가 들어가 허리 굽혀 인사하자 거만하게
턱만 까딱한다. 호기심 많은 하녀3, 마지막 순간까지 들여다보며 일부
러 천천히 문을 닫는다. 완전히 닫히고 나서도 한동안 미동도 않는 두
사람, 눈동자만 이리저리 굴리면서 기다린다. 엿보다 지쳤는지 드디어
하녀3이 떠나는 발소리가 들린다. 그제야 경직이 풀어지며 그동안 답답
했다는 듯, 땅 짚고 옆돌기하는 백작. 아까 받은 은화를 내미는 숙희.

숙희

가짜 갖고 장난을 쳐? 감히 나한테?!

백작에게 내던지는 숙희. 숙희 손을 떠나 느린 동작으로 날아오던 은화가 허공에서 멎는다. 은화가 화면에 커다랗게 자리 잡은 정지화면에서 빠르게 페이드아웃, 검어진 바탕에 자막 - '아흐레 전'.

27. [보영당] 1층 (낮) - 회상

복순 손에 들린 은화의 클로즈업. 꼼꼼히 본 다음 달걀노른자를 헝겊에 묻혀 은화에 문지르는 복순, 반응에 만족한다. 한 눈에 루페를 대고 들여다보면서 반지를 닦는 숙희, 보석의 아름다움에 취해 한참을 들여다본다.

숙희

내 진짜 이름은 숙희다. 옥주가 아니라 숙희, 남숙희....
나로 말할 것 같으면 나면서부터 이 [보영당]에서
복순씨라는 은포 최고의 장물아비, 아니 장물어미 손에 자라
일찍이 다섯 살 적에 진짜 돈, 가짜 돈을 구별할 줄 알았고 그 후로는
구가이에게서 자물쇠 따는 법을, 끝단이에게서 소매치기 기술을
두루 익혔지만...

지갑들, 구깃구깃한 지전, 은장도, 노리개, 부채, 휴대용 향수병 등등이 놓인 식탁을 만족한 얼굴로 살펴보는 복순. 아기에게 젖을 물리는 끝단이. 돋보기를 들여다보면서 무슨 서류를 위조하는 구가이. 울음소리가 들리자 일어서는 복순, 자장가를 흥얼거리면서 아기를 업어 어른다. 또 다른 아기가 울기 시작한다. 구석에 놓인 7개 나무상자마다 아기가 들었다.

복순

(노래)

새야 새야, 파랑새야....녹두밭에 앉지 마라
녹두꽃이 떨어지면 청포장수 울고 간다

숙희

....이 아기들은 그런 쓸모 있는 재주는 못 배울 팔자다.
낳자마자 버려지는 핏덩이들, 우린 이것들을 먹이고 씻겨서
일본에 팔아넘긴다.
애 못 낳는 마나님들이 몰래 사가지고, 제가 낳은 척한다고 한다.
곧 굶어죽을 것들을 부잣집 도련님, 아가씨로 만들어 주다니
얼마나 보람찬 일인가.

양손에 하나씩 우는 아기를 대롱대롱 데리고 오는 숙희, 식탁에 올려놓고 기저귀를 갈아준다. 복순은 상자의 세 아기에게 미음을 먹인다. 아기들은 울면서도 새 새끼처럼 열심히 받아먹는데 한 녀석이 울기만 한다. 복순, 병에서 사케 한 스푼을 따라 입에 순식간에 밀어 넣는다. 꿀꺽 삼키더니 얼굴 찌푸리며 입맛을 쩝쩝 다시는 아기. 병에 입 대고 한 모금 마시는 복순, 나지막하게 카- 한다. 사케 마신 아기는 졸기 시작하고 복순은 업었던 아기를 내려 뉜다. 아기 하나는 안고 하나를 도로 상자에 눕히는 숙희, 젖 물려놓고 꾸벅꾸벅 조는 끝단이를 물끄러미 본다.

숙희

끝단이는 제 새끼 말고는 절대 젖을 안 준다....
나 같으면 안 그럴 텐데....나도 젖이 나오면 얼마나 좋을까....

맹렬히 개 짖는 소리에 이어 쿵쿵쿵 문 두드리는 소리, 퍼뜩 잠 깨는 끝단이. 식구들, 불안한 눈빛을 주고받는다. 칼을 쥐고 일어선 구가이, 문 옆에 붙어 선다. 복순, 문 연다.
비바람이 훅 밀려들면서 한 남자가 성큼 들어서다가 찡그리면서 손수건

으로 코를 막고 말한다.

백작

어유....통풍 좀 시키면서 사시죠?

고급양복 어깨에 묻은 빗방울을 털면서 중절모를 벗자, 남자(30대)의 얼굴이 드러난다.
끝단이와 복순의 눈썹과 입꼬리가 싹 말려 올라간다.

복순/끝단이

백작!

숙희

어떤 여자들은, 저 남자하고 눈이 마주치면
아랫도리가 조여 온다고 한다.
(백작과 눈이 마주치자 다리를 꼬면서 발끝에 지그시 힘을 주는 끝단이)
저 남자 눈을 보면, 밥그릇 뺏긴 삽살개가 떠오른다면서
눈물짓는 여자도 있고.
(애틋한 눈빛으로 백작을 보는 복순, 긴 한숨 쉰다)
하지만 난 안 넘어간다, 다섯 살 적부터 진짜 돈 가짜 돈을
가릴 줄 알았던 나니까.

백작, 주목을 받으며 서서 궁기에 찌든 실내를 한 바퀴 둘러보더니 복순에게 다가가 나비장식 머리핀을 빼든다. 성큼성큼 계단으로 가 열쇠구멍에 꽂고 비밀서랍을 연다. '허- 알고 있었나....?' 하듯 혀 내미는 복순.
서랍 안에 든 장물 몇 가지를 골라 꺼낸 다음 불상부터 식탁에 탁 놓는 백작, 아주 단도직입이다.

백작

어느 역관에 대해서 얘기해보죠.

일본 밀수품을 뇌물로 써가지고선, 고관대작 통역을 도맡은 놈이
있다 이거야.

말하면서 은제 향수병을 집어드는 백작, 재빨리 뚜껑 열고 향수의 품질
을 확인한다. 자기 회중시계의 금사슬에 달린 작은 병을 꺼내 거기에 향
수를 덜어 옮기는 백작, 손수건에도 몇 방울 묻힌다. 손목과 귀 밑에도.

백작
당연히 합방 때 공이 컸지....그걸로 금광채굴권까지 따냈는데
인제 아예 왜놈이 되고 싶은 거라....끝내 귀화를 한 다음에
일본의 몰락한 귀족 딸한테 장가들어가지고
마누라 성 따라 '코우즈키上月'가 됐겠다?

구가이
호호호, 호로....

백작
(족자를 휘리릭 펴서 식탁 너머에 걸자, 우리는 마치 그림 속 집으로
들어갈 것 같다)
이 호로새끼는 저택을 지어서, 책하고 골동으로 가득 찬 서재를 꾸몄어.
거기 수집가들을 불러모아서 희귀본 낭독회를 연 다음에
그 책을 경매에 부치지.
코우즈키 놈은 책하고 그림을 제 살처럼 아끼지만 몇 개는
팔 수밖에 없거든.

복순
끊임없이 새 걸 사야 하니까.

'역시....' 하는 눈빛으로 고개를 끄덕이는 백작, 아기들 먹이던 미음을 발
견한다. 냄새 맡아보더니 서양식 수프 먹는 식으로 숟가락을 옆으로 잡

고 앞으로 밀듯이 미음을 떠서 우아하게 먹는다.

백작

죽어도 팔고 싶지 않은데 팔아야 한다면?

복순

가짜를 팔지.

백작

(정확히 맞췄다는 듯, 손가락 두 개를 튕겨 딱 소리를 낸다)

코우즈키는, 정교한 위본을 만들 전문가를 수소문합니다.

(양손바닥을 마주 비비는 백작, 손을 떼자 마술처럼
은제 담배케이스가 나온다.
그것을 불상 곁에 놓는다)

제 놈처럼 가짜가 아니라 本物の日本人、しかも貴族。

진짜 일본인, 게다가 귀족.

(구두 굽끼리 딱 소리 나게 부딪히는 동시에, 가슴 내밀고 턱을 올리며)

名古屋の伯爵、藤原様だ。

나고야의 백작 후지와라님이시지.

복순

진본을 빼돌릴 생각이구나, 가짜를 두개 만드는 거지!

(미음 퍼먹으며 고개를 젓는 백작, 일제 채색술병을 들어
불상 앞에 놓는다.
복순, 그 호리호리하고 화려한 술병을 잠시 노려보더니
답을 알았다는 듯 손가락질하며)

여자야, 일본 여자! 그 왜년 마누라를 꾀어서....

또 고개 젓는 백작.

끝단이

예뻐요?

백작

(술병의 가냘픈 목을 쓰다듬으며)
코우즈키의 왜년 마누라는 후사도 없이 진작 죽었어.
바로 그 죽은 마누라의, 죽은 언니의, 살아 있는 딸이 낭독회에서
책을 읽지.

끝단이

근데 예뻐요?

백작

고아야....애비가 부자였고....
조만간 그 여자는 나하고 사랑에 빠져서 일본으로 달아나게 될 거야.
(얘기하면서 다가와 숙희의 뺨을 부드럽게 쓰다듬는 백작.
숙희는 조건반사처럼 그의 재킷주머니에 몰래 손을 넣어
고급 라이터를 꺼낸다)
....거기서 혼인하고 상속을 받자마자
난 아내를 미친년으로 몰아서 정신병원에 넣어버리면 어떨까- 해.

복순

(고개 갸우뚱하면서 혼잣말처럼)
근데 왜 우리한테 이 얘길 하는 거지....?

고졸한 조선분청사기화병을 들어 일제 술병 옆에 놓는 백작.

백작

그 자식은 처조카가 제일 비싼 희귀본이라도 되는 것처럼
아주 자물쇠를 채워놨어요.

44

개한테 서양화 가르치는 허락을 받느라고 고생깨나 했죠.
그다음엔 공사를 좀 했고. 준코라고, 히데코의 하녀가 있거든.
(아기 엉덩이를 통통 두드리며 '히데코, 히데코....'
가만히 입속으로 읊조려보는 숙희)
....그 준코한테 수치를 주어서 쫓겨나게 만들었어.
(야유하는 사람들을 향해 능글맞게 씩 웃어주더니 조선화병 위에
담배케이스를 얹으며)
생쥐 같은 우리 숙희가....
(담배케이스 위에 다시 일본술병을 올려놓으며)
밤이면 히데코 잠꼬대까지 엿들어다가 나한테 옮겨주고....
낮에는 바짝 붙어 앉아서, 나를 사랑하게끔 살살 꼬여주기만 한다면....

숙희
사랑? 허-

구가이
나나나, 낮에는 빠, 빨강 파, 파랑 물감을 짜다가....
(손가락을 일본술병 주둥이에 넣었다 뺐다 하며)
바바바, 밤에는 허....허연 물감을 짜는 거지!

왁자지껄 흥겨워진다. 숙희도 낄낄거리며 웃는다.

숙희
사기꾼이 사랑을 아나?

담배 물며 오는 백작, 숙희 가슴에 손을 쑥 넣어 방금 도둑맞은 라이터를
회수한다. 피- 입을 비죽이는 숙희.

복순
....재산은? 부자긴 한 거지?

백작

매일 밤 자기 전에 다시 생각나는 액수죠....

현금으로 백오십만, 국채로 삼십만.

(화로 속 석탄이 팍 튀고 구가이는 휘파람 분다. 담뱃불 붙이는 백작)

이모부는 말 그대로 후견인일 뿐, 재산은 히데코 거야.

그래서 코우즈키는 조만간 히데코한테 장가들 작정이고.

구가이

(격분해 거의 일어서)

처, 처, 조카한테? 아, 아주 씨씨씨....쌉새, 쌉새....

복순

(도덕 따위엔 관심 없다는 듯 손을 내저어 구가이 말을 끊으며)

그래 쌉새끼, 근데 우리한테는 얼마 떨어지는 거야?

백작

오만, 숙희는 따로 히데코 옷하고 패물을 갖고.

구가이, 격분은 금세 사라지고 또 휘파람을 분다. 이번엔 끝단이가 벌떡
일어선다.

끝단이

あたいがやるわ、あたいがやるったら！

日本語だってもっと巧いし、女中の経験も多いから！

제가 해요, 제가 한다고요! 일본말도 더 잘하고 하녀 경험도 많아요!

모두 숙희 답을 기다리느라 정적. 숙희가 아기 엉덩이 토닥거리는 소리
만. 이윽고 입 여는 숙희.

숙희
오만 받고.
나한텐 옷하고 패물에다가 따로 십만.

28. [보영당] 1층 (낮) - 회상 - 훈련 몽타주

- 숙달된 조교의 걸음걸이로 서성거리며 가르치는 백작.

백작
아, 아아름다우시다....모, 모, 몸 둘 바를 모르겠다....
말도 막 더듬으면서 살짝 얼굴까지 붉혀줘야
그 같잖은 귀족년들이 우월감을 느끼면서 너한테 맘을 준다 이거야.
얼굴을 어떻게 붉히느냐? 자, 봐봐....숨을 확 들이마신 다음에
뱃가죽이 등에 닿도록 끌어당기고
턱은 가슴에 붙이고, 똥구멍에 최대한의 힘을 준 다음 숨 참고
침을 열 번 삼켜, 알았어?
자, 해보자....하나, 둘, 셋!

숙희의 엉덩이를 팡 치며 격려하는 백작, 숨 참는 숙희 앞에 손거울을 들이댄다. 거울 보면서 정진하는 숙희. 뒤에 딱 붙어선 백작, 거울에 머리를 들이댄다. 웃음을 겨우 참으면서 백작 얼굴을 손바닥으로 덮어 밀어내는 숙희.

- 자기 옷 위에 하다주반을 걸친 복순과 백작. 끝단이와 숙희가 각각 두 벌씩 기모노를 양팔에 걸치고 있다.

끝단이
お着物は…紺地に白い牡丹をお召しになりますか。
黒地に鶴をお召しになりますか。
<u>기모노는....흰 모란이 그려진 남색을 입으시겠어요,</u>

<u>학 문양의 검은색을 입으시겠어요?</u>

숙희

(심술)

송충이가 그려진 똥색을 입으시겠어요,

똥이 그려진 송충이색을 입으시겠어요?

백작

(옷 입히기 좋게 팔을 벌리고 서서 입으로만 고함)

묻지를 마! 질문 받으면 생각을 해야 되잖아!

넌 생각을 하고, 갠 생각을 '안' 한다, 그게 하녀가 아가씨를

지배하는 수단이야.

– 식탁 앞에 앉아 달필의 일본어를 한 자 한 자 펜에 잉크 찍어서 써내려
가는 백작, 다 쓴 편지를 들고 –

백작

자, 미나미 부인 추천장이야....들어봐....

(귀부인 흉내)

'이즈미 히데코 아가씨께.

일전에 후지와라 백작님에게서 듣기로, 급히 하녀를 찾으신다고요.

본래 하녀란 젓가락과도 같아, 쓸 땐 몰라도 없으면 그 불편이

심히 고통스럽다는 점 저 역시 누구보다도 잘 알고 있지요,

그래서 드리는 말씀인데....

숙희, 끝단이에게 기모노를 입히면서 듣는다. 어이없다는 듯 픽 웃는다.

29. [보영당] 침실 (밤) – 회상

그리 밝지도 않은 호롱불 하나 켜놓고 훈련하는 숙희, 복순의 머리를 화

려하게 꾸민다. 꾸벅꾸벅 조는 복순.

숙희

'나'는 사랑이 뭔지 안다.

숙희

울 엄니, 목 매달리기 전에 많이 울었어요?

복순

도둑질 한 번 하고 교수형 당하는 여자들도 울지, 많이 울어.
근데 네 어미는 천 번 도둑질을 하고 딱 한 번 잡혀서
딱 한 번 죽었단 말씀이야....울었냐고?
(눈 뜨더니 웃음 터뜨리며)
웃었지....너를 낳고 죽을 수 있어서 운이 좋았다고,
하나도 억울하지 않다고.
그러니 너는 얼마나 씩씩한 도둑이 되겠니?

기분 좋아져 우헤헤- 웃음을 터뜨리는 숙희.

숙희

엄마는 값나가는 것들을 몽땅 복순씨한테 남겼다.
내가 커서 남자들한테 가랑이 벌리면서 살지 않게 해달라고.
복순씨는 아무데도 날 팔지 않았고 변장술이며 사기 치는 법까지
가르쳐 줬어.
(찔끔 난 눈물을 손등으로 훔치더니 고개 들어 거울 속 저를
- 즉 카메라를 - 향해)
이게 사랑이 아니면 뭐야?

30. [보영당] 앞 (낮) - 회상

아기들 하나하나에게 뽀뽀해주는 숙희. 나비 머리핀을 숙희에게 꽂아주는 복순, 꽉 안는다. 아기를 복순에게 넘기는 숙희, 가방을 든다. 울음 터뜨리는 끝단이.

끝단이
내가 가야 되는데....그 왜놈 집에는 내가 가야 되는데....어떡해....

31. 코우즈키 저택 손님방 (낮)

정지상태가 풀리면서 다시 날아간 은화가 백작 가슴에 맞고 떨어진다. 한숨 쉬며 줍는 백작, 숙희 뒤에 와서 어깨를 주무르며 달랜다.

백작
은포에선 네 얘기뿐이야, 숙희가 엄마보다 큰 도둑이 될 거라고.

숙희
(뿌리치며)
사기꾼 말을 누가 믿기나 한대?

백작
내가 「よう熟しておる！」"다 익었다!" 이렇게 딱 신호만 보내면
바로 둘만 있을 기회를 만들어, 가시까지 싹 다 발라먹어버릴 테니까.

숙희
(몸을 던져 침대에 벌러덩 누우며)
개는요, 남자가 젖꼭지를 잡아당겨도 뭘 하자는 건지 모를 숙맥이에요.

백작

그러니까 곁에서 네가, 뭐든지 나 때문이라고 갖다 붙이란 말야.
"어머", 「伯爵様がお出でになってから、足の爪が早く伸びますね」
"백작님 오시고부터 발톱이 부쩍 빨리 자라시네요"....
이런 식으로, 알았지?

숙희

(금방 딴생각에 사로잡혔는지 멍하니 천장 보면서 혼잣말)

....이가 뾰족해진다고 말할까....?

숙희

사랑에 빠지면 이가 뾰족해진다....?

그러면서 은제 골무 낀 손가락을 꼼지락거리는 숙희. 영문 모르는 백작
은 건성으로 -

백작

것도 좋고.
(작은 선물상자를 건네며 호기롭게)

옜다, 선물!

상체를 일으키는 숙희에게 윙크하는 백작. 퉁명스러웠던 태도를 좀 누
그러뜨리면서 상자를 받는 숙희의 손.

히데코

(소리)

어머나....친절도 하시지!

32. 히데코 방 (낮)

상자를 받는 히데코의 손. 풀어보면, 벨벳으로 감싼 상자에 든 귀걸이가 한 쌍과 카드. 히데코, 귀걸이 하나를 귀에 대어본다. 유심히 바라보는 숙희.

숙희
저렇게 좋을까? 머잖아 내 차지가 될 걸 가지고....
이 딱한 아가씨를 보고 있자니 괜히 내 맘이 편찮다.

히데코
(홀린 듯 들여다보며)
이렇게 새파란 사파이어 본 적 있니?

숙희
(상자를 가져다가 남은 귀걸이 한 짝을 자세히 들여다보며)
가만있자....사파이어가 아니라....스피넬인데요?
(히데코 표정을 읽고 황급히)
괜찮아요, 아가씨....스피넬도 비싼 거예요.

히데코
너 어떻게 그런 걸....?

숙희
예? 어....이모, 아니, 미나미 부인이 가르쳐주셨죠, 뭐....
근데 괜찮아요, 창피해 하실 일이 전혀 아네요....
웬만한 장물아비도 헷갈리는 거니까.

쓴웃음 짓는 히데코, 동봉된 카드를 꺼내 읽기 시작한다. 그녀 얼굴에 떠오르는 표정을 읽어보려 애쓰는 숙희.

33. 식당 앞 복도 (밤)

숙희를 뒤에 거느리고 걷는 히데코. 아름다운 드레스에 새 귀걸이로 치장해, 인형처럼 아름답다.

34. 식당 (밤)

문 여는 숙희, 히데코가 입장한다. 못마땅한 얼굴로 회중시계 들여다보는 코우즈키. 백작, 너무 격하게 일어서는 바람에 의자가 우당탕 넘어간다.

백작

蠱惑的……

매혹적....

(무슨 생각에선지 재빨리 말을 바꿔)

ひ、ひ、秀でたお美しさでございます！

타, 타, 탁월하게 아름다우십니다!

백작의 얼굴이 붉어진다. 그 연기력에 감탄하는 숙희, 재빨리 히데코의 반응을 살핀다. 백작이 귀엽다는 듯 웃는 히데코. 집사가 와서 의자를 바로 놓아준다.

35. 히데코 방 (밤)

발갛게 상기된 볼, 입술에 미소까지 띤 채 거울 앞에 선 히데코. 눈을 감고는 잠꼬대하듯이 말한다.

히데코

백작님이 포도주를 자꾸 권하는 바람에....정말 개구지셔....

뒤에 서서 히데코의 드레스를 벗기려는 숙희. 손을 대자 히데코, 번쩍

눈을 뜨더니 거울에 비친 제 얼굴을 보고 그 뒤의 숙희 얼굴도 본다. 무
슨 생각을 했는지 스르륵 돌아서는 히데코. 당황하는 숙희.

잠시 후 -
브래지어를 입은 숙희, 낯선 느낌에 몸을 돌려가며 거울을 본다. 뒤에서
후크를 채워주는 히데코.

히데코
할 만해?

숙희
갑갑해요....아가씨들은 어떻게 이러고 살아요?

히데코
이게 갑갑하다고?

못마땅하다는 듯 찡그리는 숙희 얼굴에 비명 소리 선행 -

잠시 후 -
숙희 허리에 발을 대고 밀면서 코르셋끈을 있는 힘껏 잡아당기는 히데
코. 숨 막혀 얼굴이 파래진 숙희.

숙희
아가씨....저 죽어요!

잠시 후 -
거울 앞에 나란히 선 숙희와 히데코, 화장하고 스피넬 귀걸이까지 걸어
몰라보리만큼 아름다워진 숙희를 보고 있다.

히데코

....백작님 말씀, 무슨 소린지 알 것 같아.

(고개를 조금씩 움직여 귀걸이 달린 모양을 감상하느라
여념이 없는 숙희)

네 얼굴....자려고 누우면 꼭 생각나더라, 난?

숙희

(그제서야 거울 속 제 얼굴에서 히데코 얼굴로 시선 옮기더니,
바로 고개 숙이며)

차암, 아가씨도....

얼굴 빨개지는 숙희, 괜히 서둘러 히데코의 등 단추를 풀기 시작한다.
히데코도 숙희 단추를 푼다. 번갈아 서로의 옷을 하나씩 해체시켜간다.
히데코 손이 민감한 부위를 스칠 때마다 소스라치면서 묘한 기분에 얼
굴이 달아오르는 숙희, 히데코 몸 여기저기의 아름답고 우아한 곡선을
관찰하다가 임무를 상기하고 대화를 시도한다.

숙희

아가씨는 정말....조만간 이모부한테 시집가세요?

히데코

그러자고 나를 기르신 걸? 언젠가는 내 재산이 필요하게 될 줄 알고.

숙희

왜요, 금광도 가지신 분이?

너무도 당연한 일이라는 식으로 체념한 히데코를 보며 분통터지는 숙
희. 그러거나 말거나 히데코는 계속 맥없이 -

히데코

불란서에 유명한 수집가가 있는데

얼마 있다 서재를 통째로 경매에 내놓는다나봐.

그거 사려면 금괭 수입 갖고 안 된대.

숙희

허이구 ─ 나 같으면 책 팔아서 금 사지, 금 팔아서 책은 안 사겠네....

<small>(히데코의 브래지어를 푸는 한편, 눈치 보며 슬쩍 떠보듯)</small>

다른 분하고 혼인할 염은 안 내보셨어요? 예를 들면 후지와라 백....

히데코

<small>(한 팔로 가슴을 가리더니, 얼굴 빨개져서)</small>

얘, 넌 하녀치고 참 별 참견을 다하는구나?

지나치다 싶을 만큼 성내는 히데코, 얼른 입 다무는 숙희를 돌려세우고 브래지어를 풀어준다. 히데코처럼 가슴을 가리는 숙희.

36. 히데코 방 + 후원 (아침 ─ 낮)

─ 아침. 창밖에서 본 히데코 얼굴, 유리에 이마를 대고 서서 후원을 내려다본다.

숙희

아가씨는 이제 책 읽으러 가지 않는다,

책을 안 읽으니 토하는 일도 없다.

히데코의 시점 ─ 하인 혼자 메는 지게식 가마에 앉은 코우즈키, 책을 보며 서재로 실려간다. 왜소하고 머리 허연 하인이 거구의 코우즈키를 나르느라 다리가 후들후들한다.

- 낮. 백작이 담배를 피우며 느긋하게 서재로 걸어가는 모습을 내려다보는 히데코. 하녀 둘이 지나가다가 백작과 마주치자 꾸벅 인사한다. 엇갈려 지나간 다음 백작 뒷모습을 돌아보며 수군대고 입을 가리고 웃는 하녀들.

숙희
가짜 백작이 가짜 책을 만들러 간다.
(창가에 서서 내려다보는 히데코를 관찰하는 숙희)
아가씨는 창밖을 보고, 난 아가씨를 보고....난 생각하고 또 생각하고....
가엾고도 가엾구나....가짜한테 맘을 뺏기다니....

시선을 느끼고 돌아보는 히데코의 하얀 이마에 빨간 동그라미, 유리에 눌린 자국이다.

37. 응접실 + 복도 (낮)

자꾸 시계를 힐끔거리면서 수채화도구 일습을 집요하리만큼 가지런히 정리하는 히데코. 미간에 줄을 세운 채 초조한 얼굴로 거울 보면서 매무새를 다듬는 동안 뒤에 서서 바라보는 숙희. 시계가 뎅뎅- 두 번 울리자 고개를 확 돌리는 히데코. 안쓰러워서 나서는 숙희. '좀 내다볼까요?' 하듯 고갯짓으로 문을 가리키는 숙희. 자존심 상하지 않을 만큼만 살짝 끄덕이는 히데코. 문 여는 숙희, 복도에 선 백작과 마주친다. '왜 안 들어와?'하는 숙희 눈빛, 회중시계를 들어 보이면서 '조금만 더 기다리게 해'라고 말하는 백작의 몸짓. 눈 한 번 부라려주고 도로 들어오는 숙희, 히데코에게 고개를 저어 보인다. 한숨 폭 쉬며 의자에 앉는 히데코. 두 사람, 그림처럼 미동도 않고 시간이 흐른다.
얼마나 지났을까, 갑자기 발소리 쿵쿵 울리면서 커지더니 문 열리고 백작 들어선다. 벌떡 일어서는 히데코.

잠시 후 -

탁자에 놓인 꽃병과 복숭아를 그리는 히데코. 그녀 뒤에 다가와, 고급수
채화지가 부끄러울 정도로 한심한 이 그림을 보면서 몸을 낮추는 백작.
히데코의 목덜미에 백작의 숨결이 닿는다. 히데코, 몸을 살짝 뺀다. 조
금 떨어진 자리에 앉아 공책에 글씨쓰기를 하면서 그 꼴을 지켜보는 숙
희. 부끄러워 기어들어가는 소리로 묻는 히데코.

히데코
この桃は…立体感をもっと出した方がいいのでは？
이 복숭아는 확실히....입체감 표현을 좀 더 연습해야 할까요?

스스로 말하지 않았다면 누구도 이 노랑빨강 물감범벅을 복숭아로 보지
는 못했겠지만 백작의 인내심은 무한하다.

백작
立体感は、まあ…
それより、あなたには単純な技巧を越えた才能がございます。
物の本質をお見抜きになるのですね。
あなたの前に立っているのが怖いです。
心の奥が見透かされてるようで。
입체감은 뭐 조금....하지만 당신에겐 단순한 기교를 능가하는
재능이 있습니다.
사물의 본질을 꿰뚫어보시는 거죠.
당신 앞에 서 있기가 겁이 나네요, 속마음을 들킬까봐.

백작의 수작이 역겨워 찡그리는 숙희. 거울을 보는 히데코, 거기서 저를
보고 있는 숙희를 발견하고 얼굴을 붉힌다. 백작 역시 고개를 들어 거
울 속 히데코를 본다. 히데코의 시선을 따라 숙희를 보는 백작. 숙희도
백작의 시선을 느끼고 눈을 돌려 마주한다. 갑자기 벌떡 일어서는 백작,
탁자로 걸어가더니 복숭아를 집어든다.

백작

今日はこの辺で。

<u>오늘은 이쯤 하죠.</u>

(복숭아를 한 입 베어 무는 백작, 과즙이 입술과 턱에 흐른다.

숙희 앞에 서서 히데코를 보며 씹는다)

よく熟しておる……

<u>거의 다 익은 거 같아....</u>

뚜벅뚜벅 나가버린다. 눈 크게 뜨고 침을 꼴깍 삼키는 숙희, 히데코를
본다.

38. 뒷동산 (낮)

산책하는 숙희와 히데코, 멀리 바다가 내려다보인다. 구름 많은 하늘.
습기 머금은 바람에 머리가 날린다.

숙희

그거 아세요? 백작님 오시고부터 아가씨 볼이 참 빨개지셨어요.

히데코

내가?

멋쩍으니까 괜히 낄낄 웃는 숙희. 히데코, 이상한 눈으로 보다가 -

히데코

넌, 엄마가 어떻게 돌아가셨어?

숙희

....저 낳고 얼마 안 돼서....동네 제일 큰 집 들보에 목이....아니, 목을....

히데코

매다셨구나, 우리 이모처럼?

숙희

예? 아....뭐 그렇죠, 하하하!

또 껄껄 웃는 숙희, 히데코에게는 오히려 고통을 견디려는 안간힘으로
보인다. 숙희의 팔꿈치를 잡고 안다시피 끌어당기는 히데코.

히데코

하지만 돌아가시기 전가지 널 많이 안아주셨을 거야, 그치?
(어색해서 좀 불편해지는 숙희, 내색하지 않으려 애쓴다)
우리 엄만 나 낳다가 돌아가셨어, 그러니까....
내가 엄마를 목 졸라 죽인 거나 매한가지지.

숙희

터무니없어요, 아가씨!

히데코

아빠도 너무 슬퍼서 돌아가셨고....아빤 내가 많이 미웠을 거야.
(구름 낀 하늘을 보며)
....태어나지 않았으면 좋았을 텐데.

숙희

(히데코의 눈물을 발견하고는 그녀 얼굴을 두 손으로 감싸고
똑바로 보면서)
태어나는 게 잘못인 아기는 없어요.
갓난아기하고 얘기할 수만 있었어도
아가씨 어머니는 이렇게 말씀하셨을 거예요.
너를 낳고 죽을 수 있어서 운이 좋았다고, 하나도 억울하지 않다고....

위로한답시고 막 주워섬기다가 눈시울이 뜨거워지는 숙희. 이번엔 숙
희의 반응에 히데코가 감격한다.

히데코
(눈을 깜빡이며 숙희 얼굴을 찬찬히 보다가 자기도 숙희 얼굴을
양손으로 감싸며)
정말....넌....타마코, 넌....

감정이 북받치는지 말을 못 잇는다. 바람에 댓잎 사각대는 소리, 이따금
종다리 우는 소리만 들릴 뿐 사위가 고요한 가운데 말은 못하고 팔을 엇
갈려 서로의 얼굴을 쓰다듬기만 하는 둘.
어느 순간 숙희가 아래를 보면 백작이 올라오는 모습이 보인다. 다급히
히데코를 끌어 바위에 앉히며-

숙희
잠깐만 앉아 계세요....버섯 따올게요.
(무슨 말이냐는 듯 보는 히데코를 안심시키는 미소)
저녁에 버섯전골 잡수실 수 있게요....좋아하시잖아요, 향긋하니....

히데코
같이 가.

히데코 너머로 보이는 백작, 훨씬 가까워졌다. 일어서려는 히데코 어깨
를 눌러 앉히는 숙희, 방긋 웃으며 -

숙희
후딱 다녀올게요, 비 오기 전에.

잡을 틈도 없이 뛰어가는 숙희, 올라오는 백작과 마주친다. 반갑게 어깨
를 어루만지는 손길을 홱 뿌리치고 내려가는 숙희. 어깨 한번 으쓱하고

가던 길 가는 백작. 내려가던 숙희, 맘이 바뀌었는지 걸음을 멈춘다. 돌아와 나무 뒤에 숨는다. 백작이 벌써 히데코를 만나 수작 거는 꼴을 훔쳐보면서 입술을 깨문다. 숙희 어깨에 빗방울이 뚝.

39. 응접실 밖 (낮)

비 내린다. 숙희의 시점 - 저택의 어느 창으로 다가간다. 낮인데도 불 켜놓은 실내를 들여다본다. 벌써 옷 갈아입고 머리에 수건 두른 히데코와 맞은편의 백작, 소파에 앉아 따뜻한 차를 마신다. 옆자리로 온 백작이 나란히 앉아 뭐라고 떠들자 수줍게 소파 끝으로 옮겨 앉는 히데코. 다시 바짝 붙는 백작, 고개 숙인 히데코의 얼굴과 손, 엉덩이를 함부로 건드린다. 수줍게 뿌리치는 히데코. 백작, 뭐가 그리 좋은지 껄껄 웃는다.
턱과 머리카락에서 물을 뚝뚝 흘리는 숙희, 밖에 서서 하염없이 들여다본다.

40. 응접실 앞 복도 (낮)

들어갈까 말까 망설이는 숙희, 앞치마에는 젖은 송이버섯 한 움큼. 결심하고 일부러 발을 쿵쿵 세게 디디며 걷는다.

41. 응접실 (낮)

숙희, 들어선다. 언제 옮겼는지 백작에게서 멀찍이 떨어져 앉은 히데코, 숙희 눈을 바로 못 본다. 따뜻하고 보송보송한 히데코와 백작을 바라보는 숙희.

숙희
申し訳ございません、お嬢様……
雨が降ってきて道がよく見えなかったんです。
죄송해요, 아가씨....비가 와서 길이 잘 안 보였어요.

히데코

大丈夫、伯爵様のお陰で無事に戻れたから。

<u>괜찮아, 백작님 덕에 무사히 왔으니까.</u>

(백작의 잔에 차를 따라준다. 그 틈을 타 숙희에게, "잘했어"하는
입 모양 만들어 보이는 백작.
히데코, 숙희의 흙투성이 맨발을 발견하고 놀라)

靴、またなの?

<u>신 또 어쨌어?</u>

숙희

(품에서 마른 신을 꺼내 보이며, 부끄러워 기어들어가는 소리로)

だめになるかと思って…お嬢様にいただいたものなので……

<u>못쓰게 될까봐....아가씨가 주신 건데....</u>

할 말을 잃는 히데코. 두 여자를 번갈아 보며 미간을 찌푸리는 백작.

잠시 후 -
꽃병과 사과를 그리는 히데코. 백작이 뒤에서 히데코의 붓 쥔 손을 잡고
움직여주면서 귀에 바짝 대고 말한다.

백작

腕の力を抜いて…そっと……

<u>팔에 힘을 빼세요....부드럽게....</u>

히데코

(얼굴 조금 뒤로 돌리고 속삭인다)

あの、少しだけ後ろに……

<u>저, 좀만 뒤로....</u>

백작

(더 다가가 앉으며)
まだ力が入り過ぎています。
委ねるだけでいいんです、わたくしの動きに……
아직도 힘을 너무 줬어요.
따라오시기만 하면 돼요, 제가 움직이는....

민망해진 히데코가 눈치주자 돌아보는 백작.
옷은 갈아입었지만 아직도 머리는 젖은 숙희, 뒤에 앉아 빤히 보고 있다.
축 늘어진 머리칼하며, 귀신같다.

42. 숙희 방 (밤)

어두운 방 침상 모서리에 앉은 숙희, 귀신처럼 머리를 늘어뜨린 채 히데코 방으로 통하는 문을 빤히 보다가 느닷없이, 그러나 한껏 정다운 어조로 꾸며 –

숙희

아가씨 – 같이 안 자드려도 되시겠어요?

히데코

(졸음 가득한 소리)
으음 – 오늘은 괜찮아....잘 자, 타마코....

히데코가 불을 끄면서 환하던 문이 컴컴해진다.

43. 후원 (낮)

숙희 시점 – 앞에서 걷는 히데코와 백작. 이젤과 도화지, 물감과 붓, 물통까지 이고 들고 걷는 숙희, 둘이 밉살스럽다는 듯 노려본다. 백작, 뭔가 생각났다는 듯 돌아본다.

백작

珠子、水彩画の準備してきたよな？
<u>타마코, 수채화 준비해왔지?</u>

숙희

(화구가방을 들어 흔들면서 애써 싹싹하게)
勿論でございます、旦那様！ 水彩画の絵の具と水彩画の筆と……
<u>그럼요, 나리! 수채화 물감하고 수채화 붓고....</u>

백작

(말을 끊으며)
油絵の具に代えてくれないか。
こんないい天気の日には、油絵が、うん、もってこいだ！
<u>유화로 바꿔다줄래? 이런 맑은 날엔 유화가 제격이지, 암!</u>

어이없어하는 숙희, 온 길을 돌아본다. 저택이 멀다. 숙희를 돌아보는
히데코, 얼굴에 스치는 불안.

44. 히데코 방 (낮)

들이닥쳐 미술도구 넣어놓은 서랍을 확 잡아당기는 숙희, 유화도구들을
닥치는 대로 꺼낸다.

45. 계단 (낮)

짐 들고 뛰어 내려오는 숙희. 화구가방 끈이 떨어지면서 바닥에 유화 물
감들이 흩어진다.

숙희

이런 니-미럴!

46. 뒷동산 (낮)

양손 양어깨에 짐 진 숙희, 뒤뚱거리며 산길을 오른다. 산발한 채 땀 범벅된 얼굴로 숲 속을 뒤진다.

숙희

お嬢様！ 旦那様！ 伯爵様！

아가씨! 나리! 백작님!

잠시 후 -
숙희의 눈동자가 튀어나올 듯하다. 나무 뒤에 숨은 숙희의 시점 - 그 주위로만 나무가 없어 스포트라이트처럼 햇빛 쏟아지는 너럭바위에 앉은 백작과 히데코, 두 사람의 겹쳐진 입술. 히데코의 목과 어깨를 쓰다듬는 백작의 손길. 기모노 사이로 드러난 히데코의 허벅지가 눈부시게 희다. 히데코와 숙희의 가쁜 숨. 신음하듯 부르는 숙희.

숙희

아가씨....

히데코, 숙희를 발견하고 깜짝 놀라 백작에게서 몸을 뗀다. 벌떡 일어선다. 눈물이 글썽하게 맺힌 히데코의 눈과 마주치자 몸을 돌려 도망치는 숙희, 물감과 붓 같은 것들이 투두둑 떨어지지만 신경 쓰지 않는다.
산길을 막 달려 내려가는 숙희의 땀투성이 얼굴.

47. 후원 (밤)

깜빡거리는 전구의 클로즈업.

저택의 뒷면. 전력공급이 불안정해 전등들이 꺼졌다 켜졌다 한다. 방마다 창들이 껌뻑거린다.

48. 히데코 방 (밤)

히데코 침대에 벌렁 누운 숙희, 히데코의 옷 냄새를 맡는다. 샹들리에가 껌뻑거리고 있다. 켜질 때마다 점점 더 어두워진다. 옷으로 얼굴을 가리고 도리질치는 숙희. 숙희 옆, 베개 베고 이불 덮고 누운 인형. 숙희와 인형의 클로즈업들 - 각각 보였다 안 보였다 하다가 아예 정전이 된다. 전구 클로즈업 - 필라멘트의 빛이 사그라진다.

49. 숙희 방 (밤)

어느새 잠옷으로 갈아입고 컴컴한 방에 누운 숙희, 잠을 못 이룬다. 미닫이문 너머 히데코 방은 환하게 불 밝혀졌다. 딸랑딸랑, 히데코 방으로부터 연결된 종이 흔들린다.

50. 히데코 방 (새벽)

침대에 누운 채 줄을 잡아당겨 종을 흔드는 히데코. 잠옷 바람으로 오는 숙희, "부르셨어요?"라고 말하는 대신, 토라진 표정으로 그냥 앞에 서서 기다린다.

히데코
나 왔는데 내다보지도 않더라?

숙희
너무 늦으셔서 잠들었나 봐요, 죄송합니다.

히데코

독회서 낭독하는 게 얼마나 힘든 일인지 알아?

화장 지우고 옷 갈아입는 것까지 혼자 다 해야겠니?

(이불의 한쪽을 젖히며 명령조로)

무서워, 악몽 꿀 거 같아....여기서 자.

(내키지 않지만 하는 수 없이 침대에 오르는 숙희.

등 맞대고 모로 누운 숙희와 히데코, 한참 동안 둘 다 말똥말똥)

....그분이 청혼하셨어.

(움찔하지만 대꾸하지 않는 숙희)

이번 보름에 이모부 함경도 가시는 틈을 타서 달아나재, 일본으로.

숙희

아가씨는 뭐라셨어요?

히데코

모르겠다고 했어.

숙희

왜요?

히데코

무서워서.

숙희

이모부 노염이요?

히데코

백작님이.

숙희

뭐가 무서우세요, 그렇게 친절한 분인데.

히데코

모르겠어, 그냥 느껴져....불에 손을 대면 '앗, 뜨거!' 하잖아, 저절로.
(역시 눈치챘는가 싶어 걱정하는 숙희.
히데코, 몸을 돌려 숙희를 향해 누워서)
저 말이야....솔직히 말해줘.
(긴장한 숙희, 히데코를 향해 돌아눕는다.
히데코, 수줍게 눈길을 돌리면서 숙희 귀에 대고 속삭인다)
....남자가 바라는 게 뭐야?

숙희

예에?

히데코

내 말은....그러니까, 결혼하면 밤에....말이야....
(어이없어하는 숙희 표정을 보고)
내가 어떻게 알 수 있겠어? 나이만 먹었지 난 엄마도 없고,
여기는 아무도....
....먼저 입을 맞추겠지?
(끄덕이는 숙희)
그리고?

숙희

품에 안지요.

히데코

서서?

숙희

누울 데가 없거나 서둘러야 할 때만 그러고요.

보통은 침대나 이부자리 같은 데서....

....무작정 해보시면 이내 알아요....술 처음 먹을 때나 매일반이죠, 머.

히데코

무작정?

(끄덕이는 숙희)

혹시....눈 있어도 못 보는 장님처럼, 그걸 느낄 수 없는 몸도 있을까?

숙희

당연히 느끼실 수 있고말고요!

(침대 옆 협탁 서랍에서 막대사탕을 꺼낸다.

혀와 입술로 정성껏 핥더니)

보셔요....

눈을 동그랗게 뜬 히데코 입술에 제 입술을 슬며시 가져다대고 부비는
숙희. 히데코, 스르르 눈을 감는다. 숨을 깊게 쉬고 침을 삼킨다. 제 입
술에 묻은 사탕물을 혀로 핥는 히데코. 반응이 만족스러운 듯 히데코의
얼굴을 부드럽게 감싸며 다시 한 번, 조금 더 오래 입 맞추는 숙희. 히데
코, 아예 숙희의 입술을 아래위로 핥으면서 속삭인다.

히데코

넌 어떻게 알아? 적잖이 해본 게지?

숙희

끝단이라고, 친구가 알려줬어요.

히데코

알려줘? 말로?

숙희

예, 다 말로....

숙희가 이만 몸을 떼려는데 덤벼드는 히데코, 적극적으로 숙희의 입술을 탐하기 시작한다. 자기도 모르게 눈을 감는 숙희, 점점 빠져든다. 숙희의 혀를 빨아들이는 히데코. 숙희, 신음이 한숨처럼 흘러나온다. 잠시 후 갑자기 정신을 차린 듯 히데코에게서 입술을 떼어내는 숙희. 놀란 눈, 전력질주한 것처럼 가쁜 숨. 천천히 눈을 뜨는 히데코, 숙희를 본다. 그 눈에 서린 기쁘고 두려운 기색. 숙희, 아무렇지도 않은 척 하지만 어쩔 수 없이 갈라지는 목소리로 -

숙희

느껴지세요?

히데코

(뛰는 가슴을 진정시키듯 손을 가슴에 올리며)

이런 거구나.

숙희

그게 바로 백작님을 바라는 느낌이에요.

히데코

정말?

숙희

겁먹지 마셔요, 백작님은 정말....

(떨리는 손으로 히데코의 목덜미에서 어깨로 이어지는 선을 쓰다듬으며)

....아가씨를 만지고 싶으실 거예요.

히데코
시체하고 교접하는 기분이라고 하지 않으실까?
(기겁하는 숙희 표정을 보더니 창피해져서)
알잖아, 난 손발이 차서....

숙희
그런가....?

히데코
볼래?

허락도 없이 숙희 옷 속으로 손을 쑥 넣어 젖가슴을 만지자 헉 - 하고 숨을 들이키는 숙희, 부끄러워하며 -

숙희
....좋기만 한 걸요?

히데코
좋아? 나도 해줘, 정말 좋은지 알고 싶어.

숙희
(옷 위로 히데코 가슴을 어루만지며)
백작님도, 필경 이렇게 하고 싶으실 거예요. 그리고....
(떨리는 손으로 히데코의 옷 앞섶을 푸는 숙희,
하얀 가슴이 드러나자 한숨 쉰다)
아....진짜 귀여워요, 백작님이 이걸 보시면....

히데코의 젖꼭지를 만지작거리더니 참을 수 없다는 듯 입을 대는 숙희. 히데코, 몸을 뒤틀며 발끝에 힘을 준다.

히데코

그분이 정말 이렇게 살살 해주실까?

숙희

(히데코의 다리 사이에 손을 넣으며)

그럼요, 그리고 또 백작님은 이렇게....이렇게....

히데코

(숙희의 어깨를 깨물며)

아....타마코....계속해줘, 백작님처럼....

숙희

(히데코의 다리 사이를 어루만지며)

백작님은....백작님은....무척이나 요걸 좋아하실 거예요....

그리고 이렇게 말씀하실 거예요,

「ああ…とても柔らかく温かく、ぐっしょり濡れて……

"아....정말 부드럽고 따뜻하고 촉촉하고....

(갑자기 쑥 내려가 히데코의 다리 사이에 머리를 넣고)

…ひ、ひ、秀でたお美しさでございます！」

....타, 타, 탁월하게 아름다우십니다!"

히데코, 우스워서 그러는지 부끄러워 그러는지 –

히데코

뭐....뭐, 하는 거야....미쳤니? 백작님이 정말 그런다고?

히데코가 몸을 뒤치는 바람에 오히려 숙희의 입술이 히데코의 예민한 곳에 닿게 된다. 저도 모르게 몸부림치는 히데코의 몸을 본격적으로 애무하기 시작하는 숙희.

엉덩이를 들었다 내렸다 어쩔 줄 몰라 하는 히데코, 그 통에 밀려나 바닥에 떨어지는 히데코의 인형.

숙희

....더....가르쳐....드릴까요....아가씨?

히데코

(가쁜 숨을 쉬며)

응, 응....해줘....다- 가르쳐줘....

이 씬은 숙희와 히데코의 얼굴과 손 클로즈업 위주로 구성된다.

51. 응접실 (낮)

각자 이젤을 나란히 놓고 앉은 히데코와 백작, 창턱에 걸터앉아 쓰기 연습하는 숙희의 옆모습을 스케치한다. 이 장면에서 우리는 그들이 그리는 그림은 보지 못한다.
의자를 들어 히데코 뒤로 가까이 옮겨 앉는 백작, 어깨 너머로 팔을 뻗어 연필을 함께 잡는다. 두 사람의 겹치는 손. 얼굴 빨개지는 히데코, 한숨을 쉬지만 손을 빼지 않는다. 히데코를 보려고 살짝 고개 돌리는 숙희.

백작

こら、モデルが動いちゃいかんだろう。

<u>어허- 모델이 움직이여서야 쓰나.</u>

얼른 눈 돌려 글씨쓰기로 돌아오는 숙희, 이마에 날을 세우고 노력한다.
공책 클로즈업 - 맨 윗줄에는 히데코가 써준 예쁜 한글, 아래부터는 숙희가 그대로 따라서 그리다시피 적은 글자들 - '옥주, 히데코, 엄마, 아빠, 이모'.
예민해진 숙희 귀에 들리는 소리 - 도화지를 스치는 연필심, 옷의 마찰, 삐걱대는 의자 등받이, 바닥에 끌리는 의자, 점점 가빠지는 남녀의 호흡.

입술 깨물며 참던 숙희, 갑자기 히데코가 연필 던지며 외치는 소리에 돌아보고 만다.

히데코

やめて！できないわ。

<u>그만, 그만요! 못하겠어요.</u>

벌떡 일어서는 숙희. 히데코 옷에서 손 빼는 백작, 이젤 너머 노려본다. 숙희를 올려다보는 히데코의 비참한 눈빛.

백작

…こっちにおいで、珠子。

<u>....이리 와 볼래, 타마코?</u>

(걸어오는 숙희에게 은화를 건네며)

他にもやることあるだろう、どんな意味かわかるよな。

<u>다른 데서 일을 찾아보는 게 어때, 무슨 말인지 알지?</u>

숙희를 바라보는 히데코, 불안과 애원이 뒤섞인 느낌. 숙희, 은화는 받지 않지만 나가려고 몸을 돌린다. 히데코, 절망적인 모습으로 입술을 파르르 떤다. 무슨 생각을 했는지 돌아서는 숙희. 백작, 숙희를 향해 다시 은화 내민다.

숙희

他でやることなんてございません、

お嬢様にお仕えするのが、わたくしの仕事なんです。

<u>다른 데 할 일은 없어요, 아가씨 보살피는 게 제 일인걸요.</u>

안도하며 고마워하는 히데코와 눈을 마주치지 않는 숙희, 제자리에 돌아가 쓰기 연습을 계속한다. 일어나 옷매무새를 가다듬는 히데코. 숙희를 노려보는 백작의 노여운 얼굴, 눈에서 불을 쏟는 듯하다.

52. 후원 (낮)

어두운 나무들 사이, 거칠게 숙희의 어깨를 잡아 흔드는 백작. 분노와
안타까움이 들끓는 목소리로 으르렁댄다.

백작

섭지도 못하고 뱉었잖아, 너 때문에!
(어린아이처럼 발까지 동동 구르며)
다 익었는데, 다 익었는데! 요번 보름 놓치면 다 끝장인데!
(숙희 손을 끌어다 제 아랫도리에 대고)
알겠어, 내가 얼마나 원하는지?
좆같은 쓰레기 더미에서 어떻게든 내 인생을 구해내려고
얼마나 분투했는데....
네가 그걸 망치도록 구경만 할 것 같아, 이 쌍년아?
(몸을 뒤틀며 가쁜 숨 내쉬는 숙희를 노려보며)
....아가씨께, 타마코는 하녀도 뭣도 아니고
소매치기나 하던 도둑년 딸이라고 다시 소개해볼까?

숙희

좋지, 좋아! 대신 나도 넌지시 한 마디 해주고, 응?
네 놈은 귀족도 뭣도 아니라고! 제주도 머슴의....

남은 한 손으로 숙희 뒤통수를 꽉 잡는 백작, 자기 사타구니에 댄 숙희
손을 막 비비면서 눈물까지 글썽해져서 -

백작

숙희야, 숙희야....[보영당] 식구들을 생각해....
허리도 성찮은데 아기들 시중들며 늙어가는 복순씨하며, 그 팔푼이들.
빈손으로 가봐, 얼마나 실망들 하겠니....
엄마의 전설에 먹칠을 할 셈이야? 금의환향해야지!

숙희

(식식거리다 좀 누그러지더니, 어쩔 수 없다는 듯 백작의 손을 뿌리치며)
그러니까....히데코를 그렇게 몰아붙이지 말라고,
천지간에 아무도 없는 애야.
그러다 겁먹으면 조갑지 오므라들 듯이 맘을 꼭 닫아버릴걸?
그리고 부탁인데, 다시는 그 아기 장난감 같은 좆대가리에
내 손 갖다 대지 말아줘!

획 돌아서 가버리는 숙희. 백작, 대꾸도 못한 채 입만 딱 벌어진다.

53. 히데코 방 (밤)

히데코의 파리한 맨발을 정성껏 비비고 주무르는 숙희, 혼자 수다떤다.

숙희

어머, 백작님 오시고부터 발톱이 부쩍 빨리 자라시네....뭔 조환가 몰라?
....아가씨는요, 그런 거 모르고 사는 게 좋아요?
큰 바다에 얼마나 많은 배들이 오고가는지....
떠나는 이, 돌아오는 이, 보내는 이, 맞아주는 이....
얼마나 시답잖은 일에 울고 웃고들 하는지....
그런 거 하나도 못 보고 사는 게 좋아요?
아가씨, 제일 멀리 가본 게 어디에요? 뒷동산이죠?

반응이 없자 이제야 눈 들어 히데코를 올려다보는 숙희, 자기를 잠자코
내려다보는 시선이 견디기 힘들다.

히데코

이모부는 내가 어디로 도망가든 쫓아올 거야,
난....쭉 이 모양으로 살아왔잖아.
이대로도 괜찮을 것 같아....너만 같이 있어준다면....

(조금 부끄러워하며)
새 신을 신고 같이 걷고....이야기해주고....이렇게 손발도 만져주고....

탐색하듯 숙희의 눈동자를 들여다보는 히데코. 입술 깨무는 숙희, 맘을
애써 독하게 먹는다.

숙희

아가씨는 운이 좋으세요, 아가씨를 사랑하는 남자가
아가씨를 지켜줄 힘까지 가졌잖아요....이런 일은 흔치 않아요.

히데코

(이해를 바라는 간절한 눈빛으로)
하지만 난....모르겠어, '내가' 그분을 사랑하는지....

숙희

(결단을 내리듯)
....사랑하세요.

숙희 손에서 발을 빼고 벌떡 일어나 앉는 히데코, 약이 오르는 모양이다.

히데코

네가 어떻게 알아?

숙희

(자신 없이)
요사이 말도 없어지시고....멍하니 창밖을 내다보시고....
자다가도 돌아누워 한숨 쉬시고....발톱도....

히데코

그게, 내가 그분을 사랑한다는 뜻이야?

숙희

네.

히데코

(파르르 떨며)

아니라도....내가 사랑이 아니라고 해도....

그분이 아니라 딴 사람을 사랑한다고 해도....

(뜨끔 하는 숙희)

넌 내가....천지간에 아무도 없는 내가, 꼭 그분하고 결혼했으면 좋겠어?

재촉하듯 보는 히데코의 시선을 피하는 숙희, 히데코의 발을 빼앗듯 도로 잡고 막 주무르면서 확신에 찬 어조로 -

숙희

네....사랑하게 되실 거예요.

찰싹. 숙희 뺨을 때리는 히데코. 깜짝 놀라 보는 숙희. 찰싹, 찰싹, 찰싹. 히데코 눈에서 눈물이 쑥 밀려나온다. 성난 눈, 꼭 다문 입, 딴 사람 같다. 벌떡 일어서는 히데코, 숙희를 강제로 일으키더니 다짜고짜 밀어붙인다. 방을 가로질러 밀어대는 히데코, 벽장 같은 숙희의 방으로 집어넣고 문을 쾅 닫는다.

54. 숙희 방 (밤)

어깨를 늘어뜨리고 어둠 속에 앉은 숙희. 밖에서 멀어져가는 히데코의 발소리, 숙희 자신의 쌕쌕거리는 숨소리. 막대사탕까지 입에 물고 꼼짝 않고 앉았노라니 턱 끝으로 눈물이 뚝뚝 떨어진다.

숙희

코우즈키 영감이 함경도로 떠나기 사흘 전....

55. 코우즈키 저택 앞 (낮)

자동차 안에 앉은 백작, 모자챙을 살짝 들어 인사한다. 저택 전면을 향해 뻗은 진입로, 차가 달려와 빠져나간다.

현관에 선 코우즈키와 히데코, 숙희와 하인 무리. 하녀2가 남몰래 눈물 훔치는 꼴을 곁눈질로 보는 숙희.

숙희
아가씨는 백작의 청혼을 받아들였다, 날 데려가는 조건으로.
(곧바로 다음 차가 들어와 멈춰선다.
코우즈키와 집사가 뚜벅뚜벅 걸어가 차에 탄다)
백작은 먼저 떠나는 시늉만 하고 가까운 데서 기다리기로 했다.

이모부가 손짓하자 조르르 달려가 앞에 서는 히데코. 몇 마디 말하더니 차 출발을 지시하는 코우즈키. 깊숙이 몸을 숙여 인사하는 사사키 부인과 하인들. 무리로 돌아오는 히데코, 하녀들 사이의 숙희를 바라본다. 하인들은 각자 일을 찾아가고 북적이던 현관에 둘만 남는다.

히데코
(굳은 결심을 담아)
나하고 좋은 데 갈래?

56. 후원 (밤)

바쁘게 움직이는 다리 네 개. 뒤로 저택이 시커멓게 보인다. 큰 가방 하나씩 들고 벚나무 아래를 지나는 숙희와 히데코, 큰 가지에서 늘어진 밧줄을 올려다본다. 어느덧 꽃이 많이 졌다. 자꾸 뒤돌아보는 히데코를 잡아끄는 숙희.

57. 담 (밤)

무릎 높이로 낮게 둘러친 담장이 길게 이어졌다. 숙희, 한 걸음에 가뿐히 뛰어넘는다. 히데코는 담 앞에 서서 그 너머, 저택 바깥을 응시할 뿐 꼼짝도 못한다. 숨마저 가빠진다. 도로 넘어온 숙희, 트렁크를 담 앞에 눕혀 계단을 만들어준다. 얼어붙은 히데코의 발을 들어 트렁크에 올려놓아준다. 등을 떠민다. 겨우겨우 넘어가는 히데코.

58. 벌판 (새벽)

날듯이 달리는 히데코. 헐떡거리면서 겨우 따라가는 숙희. 둘 다 웃는다.

59. 강 (새벽)

물안개 자욱한 강가에 선 히데코, 숙희의 머리를 매만져준다. 저쪽에서 노 저어 오는 작은 배 보인다.

잠시 후 -
백작이 노 저어 물살 헤집는 소리만 들리는 가운데 뱃머리가 안개를 밀어내며 나아간다. 히데코, 강물에 손수건을 적셔 숙희 이마의 땀을 닦아준다. 그러면서도 불안한 눈빛으로 두리번거리는 히데코.

60. 관부연락선 갑판 (저녁)

하늘이 시뻘겋게 물들었다. 뱃전에 기대 선 세 남녀, 히데코를 가운데 두고 숙희와 백작이 좌우로. 부산이 멀어진다. 히데코의 오른손을 가져다 팔짱을 끼는 백작. 왼손을 움직여 숙희 손을 몰래 잡는 히데코. 쿵쿵쿵- 누군가 갑판을 뛰어오는 소리. 흠칫 놀라며 낮게 비명까지 지르는 히데코, 숙희 팔에 매달리며 홱 돌아본다. 일행 뒤로 뛰어가는 일본군 병사 둘. 히데코 눈동자가 불안하게 흔들린다. 히데코 어깨에 팔을 둘러 안아주는 백작.

백작
あなたの叔父が咸鏡道の金山まで行くのに、まる四日。
お嬢様が逃げたと佐々木夫人が電報を打っても、
到着しないかぎり受け取れないはず。
そして、さらに戻るのに四日、
この船に乗ったことを運よく知ったとしても、
俺たちが下関から、どこに逃げるかわかるはずないだろ。
<u>이모부가 함경도 금광까지 가는 데만 꼬박 사흘이에요.</u>
<u>아가씨 도망갔다고 사사키 부인이 전보를 친대봐야,</u>
<u>도착을 해야 전보를 받겠지요?</u>
<u>그리고 돌아오는 데 또 사흘, 이 배 탔다는 걸 운 좋게 알아냈다 쳐도</u>
<u>우리가 시모노세키에서 또 어디로 튈지 알아낼 도리는 없어요.</u>

공포가 가시자마자 백작의 팔을 걷어내고 선실로 내려가는 히데코, 급
히 따라가는 숙희.

61. 들 (낮)

맹렬히 달리는 증기기차.

62. 기차 객실 (낮)

바짝 붙어 앉은 숙희와 히데코, 도시락을 맛나게 먹는다. 서로 반찬을
얹어주기도 하고 사이좋게 먹는다.
백작, 맞은편 두 여자를 보며 외롭게 먹는다.

63. 절 앞 (낮)

차가 못 들어오는 산길을 큰 트렁크를 들고 낑낑거리며 걸어오는 백작
과 숙희, 작은 핸드백만 든 히데코가 따라온다.
길 끝에, 허물어져가는 도리이(신사의 정문)가 보인다.

64. 구석방 (낮)

어둡고 눅눅한 창고 같은 방에서 히데코에게 후리소데 입히는 숙희.
여기저기 거미와 지네 때문에 겁이 나지만 불평 한 마디 없는 히데코.

승려

(선행되는 소리)

不偸盜⋯⋯

<u>도둑질하지 않고....</u>

65. 배전拜殿 (밤)

신랑신부

不偸盜⋯⋯

<u>도둑질하지 않고....</u>

전통혼례가 거행된다. 다 쓰러져가는 절에서, 한밤중에, 세수도 안 한 것
같은 승려의 주례 하에, 하객이라고는 천한 인상의 료칸 여주인 하나 두
고. 밖에서 예식을 지켜보는 숙희.

승려

不邪淫⋯⋯

<u>배우자 아닌 자와 음탕한 짓을 하지 않고....</u>

신랑신부

不邪淫……

배우자 아닌 자와 음탕한 짓을 하지 않고....

승려

不妄語。

거짓말하지 않겠습니다.

신랑신부

不妄語。

거짓말하지 않겠습니다.

테이블에 놓인 반지 상자를 들어 향로 위에서 연기를 쐰 다음 백작에게 건네는 승려. 백작, 히데코 손에 반지를 끼워준다. 같은 방법으로 히데 코에게 반지 상자를 건네는 승려. 백작의 손가락에 반지를 끼워주고 나서 손바닥을 펼쳐 내미는 히데코, 당황하는 백작과 승려. 잠시 후 알아 차린 백작, 주머니에서 작고 파란 유리병을 꺼내 건넨. 만족하는 히데 코, 예식이 속개된다.
숙희는 정신없이 히데코를 바라본다. 둘이 잠깐 눈이 마주칠 때, 괜찮다 고 말하듯 살짝 미소 짓는 히데코.

66. 산중의 료칸 신방 (밤)

코우즈키 저택이 그리워지는 초라한 다다미방, 여주인이 신방 이부자리 준비를 마치고 나간다.
히데코의 머리장식을 뽑아주는 숙희, 천천히 옷을 벗기려 한다. 히데코, 숙희에게 입 맞추면서 숙희 손을 잡아 제 다리 사이에 넣는다. 놀라는 숙희의 옷 안에 손을 넣어 가슴을 만지려는 히데코. 백작 발소리 들리자 뿌리치고 일어서는 숙희. 올려다보는 히데코의 슬픈 얼굴. 드르륵 미닫 이문 열리고 백작의 얼굴 보인다.

67. 숙희 객실 (밤)

잠 못 이루는 숙희, 바로 옆방에서 히데코의 교성이 들린다. 이를 악무는 숙희, 귀 막은 채 노래까지 부른다.

68. 료칸 몽타주 (아침 - 저녁)

- 아침. 숙희, 신방 문을 열면 이부자리 위에 단정치 못한 옷매무새와 헝클어진 머리로 인형처럼 멍하게 앉은 히데코, 고개 돌려 숙희를 본다. 피로 점점이 얼룩진 요.
료칸 여주인이 숙희를 슬쩍 밀치고 들어와 이부자리 정리를 시작한다, 숙희 쪽을 힐끔거리며.

숙희

백작은 료칸 주인을 매수해서 우릴 감시했다,
달아날까 무서웠던 게지....

- 낮. 복도에서 엿보는 료칸 여주인.
속옷 바람으로 경대 앞에 앉아 일부러 머리칼을 헝클어뜨리는 히데코.
기모노를 들고 한숨 쉬는 숙희.

히데코

옷은 입어 뭐해? 할 일이 하나도 없는데?
(갑자기 좋은 생각이 떠올랐다는 듯, 얼굴에 화색이 돌며)
하녀놀이 할까, 전처럼?

잠시 후 -
복도. 료칸 여주인, 이상하고도 흥미롭다는 듯 안을 엿본다. 상전이 하녀 기모노를 입혀주고 있기 때문이다.

숙희

백작은 아침에 나가 밤늦게 온다.

법적으로 결혼을 인정받고 상속재산을 현금화하기 위해서

할 일이 많다나....

- 아침에 일어나자마자 방에서 나오는 숙희, 료칸 여주인처럼 복도에서 신방을 엿본다. 미닫이문을 살짝 열려는 순간 드르륵 열리고, 백작이 중절모를 쓰면서 나온다. 주춤하며 물러서는 숙희, 재빨리 안을 본다.
엉망이 된 이부자리에 헝클어진 머리로 멍하니 앉은 히데코, 돌아보는데 눈에 초점이 없다.
숙희, 복도에 앉아 구두끈 묶는 백작에게 덤비듯 달려온다. 힘겹게 억누른 분노에 의해 떨리는 목소리로 속삭인다.

숙희

이렇게 모질 수가 있냐?

꽃을 뽑아왔으면 새 땅에 심어줘야 할 거 아냐!

백작

어쩌란 거야?

숙희

병원에 빨리 안 처넣고 뭐하는 거냐고!

어이없다는 헛웃음을 날리며 외출하는 백작.

- 저녁. 좁은 마당에 부슬비. 단정치 못한 차림으로 오동나무 옆에 선 히데코, 우산을 들었는데 거꾸로 들었다. 손잡이가 하늘을 향했으니 우산은 오목한 그릇이 되었다. 마루에 앉아 차분하게 쓰기 연습하는 숙희. 두 여자를 번갈아 보며 흥미로워 하는 료칸 주인. 외출했다 온 백작, 들고 온 대형 보스턴백을 마루에 놓더니 의기양양한 표정으로 히데코를

본다. 히데코, 숙희를 돌아본다. 숙희, 백작을 건너다본다. 백작, 숙희를 바라본다. 우산을 버리고 다가온 히데코, 보스턴백을 연다. 살짝 드러난 지폐 뭉치, 통장, 채권 더미. 목적을 이루었는데 누구의 얼굴도 밝지 않다.

69. 료칸 앞 (낮)

허름하기 짝이 없는 외딴집 앞에 자동차가 도착, 양복 입은 두 남자가 내린다. 백작이 맞이한다.

70. 신방 (낮)

여전히 히데코 기모노 차림의 숙희, 권태로운 얼굴로 스피넬 귀걸이를 햇빛에 비춰보고 있다. 투명한 파란 보석을 통과한 빛이 흰 벽에 어른거린다. 문 열리는 소리에 일어서는 숙희. 백작이 데리고 들어온 양복쟁이들이, 숙희 손에 들린 귀걸이를 유심히 본다. 그들을 등지고 낮고 빠르게 말하는 백작.

백작

정신병원 의사들이야, 어떻게 대답해야 하는지 알지?

잠시 후 –
키와 생김새가 비슷한 의사1, 2와 마주 앉은 숙희. 긴장했는지 침을 꿀꺽 삼킨다. 고개 돌려 창밖을 보면, 툇마루에 앉아 생전 안하던 바느질을 하는 히데코. 의사1, 히데코를 가리키며 묻는다.

의사1

あの人は誰ですか。
저 사람이 누굽니까?

숙희

藤原伯爵夫人です。結婚前は和泉秀子お嬢様でした。

후지와라 백작부인입니다, 결혼 전에는 이즈미 히데코 아가씨였고요.

의사2

(동료와 눈빛 주고받더니 노트에 적으며)

では、あなたは誰ですか。

그럼 당신은 누구십니까?

숙희

奥様の侍女です。

마님의 하녀입니다.

의사1

(고개 끄덕이며 노트에 적는다)

お名前は?

이름이?

숙희

珠子です。

타마코입니다.

의사2

人は、あなたをそう呼びますか。

사람들이 그렇게 당신을 부르나요?

숙희

ええ。

네.

의사1

わかりました、でしたら珠子さんは奥様のために、
どのような治療が必要だとお考えですか。
<u>좋아요, 그러면 타마코양은 마님을 위해
어떤 치료가 필요하다고 생각하십니까?</u>

갑자기 말문이 턱 막히는 숙희, 망설인다. 복도에 선 백작이 문틈으로
강렬한 눈빛을 쏘아 보낸다.
히데코를 돌아보는 숙희, 이윽고 굳게 결심하고 단호하게, 외운 대로 –

숙희

誰も奥様に危害を加えてはなりませんし、
奥様も誰かに危害を与えない場所に、
閉じ込めておくのがいいと思います。
<u>아무도 마님을 다치게 할 수 없고,
마님이 아무도 다치게 할 수 없는 곳에
가둬놓는 게 옳다고 생각합니다.</u>

71. 자동차 (낮)

달리는 차 안. 숙희, 걱정스러운 얼굴로 히데코를 살핀다. 부스스한 머
리에 수수한 기모노 입은 히데코, 창밖을 본다.

백작

軽く検査を受けて、
夕食は「平和ホテル」に行って、子羊のローストを食べよう。
<u>몇 가지 검사만 받고, 저녁은 [평화호텔] 가서 양갈비 먹읍시다.</u>

히데코, 돌아본다. 유리에 이마가 눌려 생긴 빨간 동그라미를 보고 그만 픽
웃는 숙희. 눈에는 눈물, 입가엔 미소, 머리에는 나비장식이 달린 머리핀.

72. 정신병원 앞 (낮)

자동차 도착한다. 흰 가운 입은 의사1, 2와 그들보다 더 크고 거칠어 보이는 여간호사1, 2가 나란히 서서 기다린다. 먼저 내린 백작, 숙희 손을 잡고 하차를 도우며 속삭인다.

백작

다 됐어, 고생 많았다.

(혼자 내리는 히데코를 향해 몸을 돌리고)

恐れることはございません……

겁내지 마시길....

그러나 겁먹은 얼굴로 창마다 쇠창살이 달린 건물을 올려다보는 히데코. 그녀 얼굴을 쓰다듬는 숙희, 이별의 순간에 이르자 남의 시선 따위는 신경 안 쓰기로 한 모양이다. 히데코를 안았다가 의사, 간호사들이 다가오자 몸을 뗀다.

의사1

ご機嫌よう、伯爵夫人。私を覚えておいでですか。

안녕하세요, 백작부인? 저 기억하시죠?

(숙희는 슬픈 얼굴로 히데코를 돌아본다.

히데코, 대답을 하라는 듯 숙희를 본다)

…夫人?

....부인?

숙희, 백작과 두 의사를 차례로 돌아본다. 잠시 정적. 어리둥절해서 꼼짝 않고 선 숙희. 간호사1과 2, 숙희를 향해 다가온다. 숙희의 팔을 잡아 데리고 들어가려 한다. 확 뿌리치면서 표독스럽게 대드는 숙희.

숙희

なんなんですか。

무슨 짓이에요?

의사1

奥様に危害を加えようとしているわけではありません、
お世話しようとしているのです。
부인을 해치려는 게 아니에요, 돌보려는 겁니다.

숙희

違います。伯爵夫人はあの方ですってば、
伯爵様、言ってやってください！
사람 잘못 보셨어요, 백작부인은 저 분이라고요.
백작님, 말해줘요!

의사2

(백작을 향해, 안타깝다는 듯)

まだ自分のことを朝鮮人の侍女だと思っているんですね？
아직도 자기를 조선인 하녀라고 생각하고 있군요?

백작

朝鮮人の乳母の手で、長いこと育てられたものですから……
조선인 유모 손에 오래 자란 탓에...

숙희

(울부짖으며)

このやろう！
이 나쁜 새끼!

(어깨를 꽉 잡는 간호사들에게)

ふざけんな！このあばずれども！うわあー！
이런 망할! 이런 더러운 년들! 으아-!

의사2
ここでは、そのような言葉、お使いになってはなりません、奥様.
여기선 그런 말 쓰시면 안 됩니다, 부인.

백작 옆에 선 히데코를 돌아보는, 핏발 선 숙희의 눈.
히데코, 겁먹은 눈망울에 그렁그렁 맺힌 이슬.

숙희
아가씨!

히데코
おらの憐れなお嬢様が、狂ってしまっただ……
불쌍한 우리 아가씨....완전히 돌아버리셨슈...
(주머니에서 가문의 문장이 새겨진 로켓을 꺼내더니 의사1에게 내민다)
役に立づんじゃねえかど思って…大事にされでいだ、
おっかさまの形見の品なんだけんど、正気だった時の……
혹시 도움이 될랑가....젤로 소중히 하시던 어머니 유품이구먼유,
제정신이셨을 적에....

로켓을 받아 열어보는 의사1, 고개 끄덕인다.

의사1
侍女はこんなにも思慮深いのに……
하녀는 이리도 사려 깊건만....

숙희에게도 보여준다. 로켓 안에 끼워진 그림은, 히데코의 어머니가 아니다. 숙희와 똑 닮은 일본 여인으로 바뀌어 있다. 의사1이 손짓하자, 울부짖는 숙희를 끌고가는 간호사들. 의사들, 백작과 히데코에게 인사하고 따라 들어간다.

숙희

당신은 히데코를 숙맥이라고 생각했을 것이다....하하, 숙맥이라니....
우리 히데코 아가씨로 말씀드릴 것 같으면....그분은 처음부터 그냥....
....무서운 년이다, 하하하....

숙희를 지켜보며 슬픈 표정을 연기하는 히데코의 얼굴에서 페이드아웃.
검어진 화면에 떠오르는 글자 - '第二部'.

73. 코우즈키 저택 서재 (낮)

5세 히데코가 - 정신병원에서의 숙희처럼 - 울부짖으며 몸부림을 친다.
현재보다 스무 살 젊은 사사키 부인이 뒤에서 꼭 끌어안고 있지만 요란
한 발길질을 감당하기 힘들어 보인다.

5세 히데코

悪い娘じゃない！ 悪い娘じゃない！
나쁜 년 아니야! 나쁜 년 아냐!

그만큼 젊은 코우즈키가 맞은편에 앉아 흥미롭다는 듯 아이를 꼼꼼히
살피다가 주머니에서, 비단끈에 왕사탕만 한 쇠구슬들이 줄줄이 엮인
문진을 꺼낸다. 구슬 하나를 뽑아 건넨다. 발버둥을 멈추는 히데코.

코우즈키

口に入れろ、秀子。
입에 넣어라, 히데코.
(사탕인 줄 알고 냉큼 입에 받아 넣는 히데코)
手を出せ。
손 내밀어라.

또 줄줄 알고 얼른 손 내밀자마자 손가락의 여린 관절 부분에 쇠구슬 문

진을 힘껏 내리치는 코우즈키. 깜짝 놀라 손 빼는 히데코, 입속의 쇠구슬 때문에 비명도 못 지른다. 코우즈키, 사사키 부인에게 손짓해 히데코의 손을 다시 내밀게 한다. 정확히 관절 부분을 3번 가격하는 코우즈키. 침을 질질 흘리며 황망하고 겁에 질린 눈으로 올려보는 히데코. 코우즈키가 고개를 끄덕이자 놓아주는 사사키 부인. 코우즈키, 비단수건을 꺼내 구슬에 묻은 피를 닦는다.

화면 넓어지면 코우즈키 옆에 앉은 아내, 히데코의 이모가 소개된다. 넋나간 듯 공허한 눈을 가진 바싹 마른 여자.

성인 히데코
お母様が亡くなり、そして、お父様も亡くなり……
私は、朝鮮にいる叔父様の所に送られた。
<u>엄마가 죽고 또, 아빠가 죽고.... 난 조선에 있는 이모네로 보내졌다.</u>

코우즈키
また口答したくなったら、先にその玉の味を思い出すんだ。
<u>다시 말대답이 하고 싶을 때는 이 구슬 맛부터 떠올려보렴.</u>

문진을 히데코의 허리끈에 묶어주는 코우즈키. 침을 흘리고 숨을 몰아쉬며 이모부를 노려보는 히데코.

74. 히데코 방 (밤)

문 열고 들어오는 사사키 부인, 등롱을 들었다. 우리가 1부에서 본 도기 인형을 안고 따라 들어오는 히데코, 협탁 램프에 불을 옮겨 붙이는 사사키 부인. 히데코, 한 걸음 다가서더니 안아달라는 듯 두 팔을 벌려 내민다.

사사키 부인
独りでお休みになるのです、今日から。

혼자 주무시는 거예요, 오늘부터.
(울상 짓는 히데코에게, 훗날 숙희가 쓰게 될 하녀방을 가리키며)
その中に夜叉のような大男がいて、
女の子の泣声が我慢できないんだ。
騒いだらあの襖を開けて追っかけて来るよ。
저 안에 몸이 야차만 한 사내가 있는데,
계집애 우는소리를 유독 못 견뎌 해요.
시끄럽게 굴면 성이 나서 문 열고 쫓아올걸요?

5세 히데코

(겁에 질려 기어들어가는 소리로)
来るの?
와서요?

사사키 부인

大きな体でお嬢様を押し倒してしまうよ、声も出せないように。
큰 몸으로 아가씨를 덮쳐 눌러버리죠, 아무 소리도 못 내게.

히데코, 하녀 방문을 뚫어지게 보는데 마침 그 문이 끼익 열린다. 히데
코와 사사키 부인, 함께 비명을 지른다.
방 안 어둠에서 유유히 걸어 나오는 이모.

이모

まったく、こんな五歳の子を脅すなんて……
쯔쯔쯧, 다섯 살배기한테 겁이나 주고....

사사키 부인, 이모를 노려보다가 도망치듯 나간다. 무서워하는 조카에
게 다가와 손에 든 목걸이를 툭 늘어뜨려 보여주는 이모, 금줄에 달린 로
켓의 뚜껑을 열자 히데코 엄마의 초상화가 보인다. 히데코 손에 목걸이
를 넘기더니 -

이모

私は?

나는?

(무슨 말인지 몰라 하는 히데코)

綺麗、私も? よく見てよ……

고와, 나도? 잘 봐봐....

(무릎 꿇고 앉아 고개를 옆으로 돌린 채 꼼짝 않는 이모)

みんな言ってたけど…私、姉さんほどじゃないって。

다들 그러던데....난 언니만 못하다고.

5세 히데코

綺麗よ、叔母様。

고와요, 이모.

흡족한 답을 얻었는지, 슥 일어나 인사도 없이 가버리는 이모. 손에 남겨진 엄마 초상을 자세히 들여다보는 히데코.

이모

(소리)

昼…夜…男…女……

낮....밤....남자....여자....

75. 서재 (낮)

5세 히데코

昼…夜…男…女……

낮....밤....남자....여자....

작은 의자에 앉아 책 읽는 어린아이 뒷모습. 분홍색 얇은 염소가죽장갑을 끼고 조심스럽게 책장을 넘긴다. 이모가 옆에 앉아 지도한다. 간단

한 삽화에 글씨가 곁들여진 페이지.

이모

目…鼻…口…耳…肩…乳首…臍^{へそ}……

눈....코....입....귀....어깨....젖꼭지....배꼽....

5세 히데코

目…鼻…口…耳…肩…乳首…臍^{へそ}……

눈....코....입....귀....어깨....젖꼭지....배꼽....

이모

ちんぽ、まんこ。

자지, 보지.

모르는 단어라 못 따라하는 히데코. 맞은편에 앉은 코우즈키, 혀에 펜촉을 댔다 뗐다 하며 색안경 너머로 지켜본다.

5세 히데코

(더듬으며)

ち、ちんぽ、まん…こ……

자, 자지, 보....지....

킥킥 웃는 이모. 마주 보고 웃는 히데코. 이모와 히데코의 뺨에 차례로 길다란 쇠자가 날아든다. 놀란 눈으로 뺨을 쥐고 코우즈키를 바라보는 히데코. 재빨리 얼굴의 미소를 지워버리는 이모.

76. 히데코 방 (낮)

무릎 꿇고 옷 입혀주는 하녀의 따귀를 때리는 5세 히데코. 조막만 한 손이어도 매섭다. 뺨을 감싸며 물러서는 하녀.

히데코, 다가가 다른 쪽 따귀도 갈기려 하는데 사사키 부인이 와서 손목을 붙잡는다.

성인 히데코
十回殴られたら私は二十回殴った。
나는 열 대를 맞으면 스무 대를 때렸다.
(몸부림쳐 손을 빼더니 사사키 부인의 뺨도 때린다,
부인의 눈에 불꽃이 튄다)
他人が私より辛そうに見えたら、なんとか生きていけそうに思えた。
남이 나보다 아파 보이면 사는 게 그럭저럭 견딜 만했다.

77. 서재 몽타주 (낮 - 밤)

사사키 부인, 코우즈키가 히데코 혼내는 광경을 보며 흐뭇한 웃음을 참는다. 코우즈키가 휘두른 쇠자가 5세 히데코의 뺨을 때린다. 찰싹!, 찰싹!, 찰싹! 맞고 옆으로 돌아갔던 머리가 다시 돌아왔을 때 8세 히데코로 바뀌어 있다.

코우즈키
おまえがちょっと狂っているのをわしは知っておる、
母方にその血が流れておるからな。
네가 조금은 미쳤다는 걸 난 알지, 아무래도 모계혈통이 저 지경이니까.
(아내를 힐끗 돌아보는 코우즈키, 무표정으로 눈은 천장을 향해
치켜뜬 이모)
だから訓練しようとしておるんだ、油断しないように。
だめなら日本の「気狂い病院」とやらに送ってしまわないとな。
그래서 훈련시키려는 거야, 정신을 똑바로 차릴 수 있도록.
안 되면 일본의 '정신병원'이라는 데로 보내버려야겠지.
(그 말에 동요하기 시작하는 이모, 눈동자가 내려오더니 이번에는
좌우로 움직인다)

合理的なドイツ人が建てたので、
気狂いの治療に相当効果があるんだそうだ。
地面に穴を掘り患者を一人ずつ入れて、蓋をするんだとか。
それから、少しましになったら杭に鎖を繋いで、
犬みたいに這わせるんだと……
합리적인 독일인들이 설립했기 때문에 광증 치료에
아주 효과를 본다더구나.
땅에 구덩이를 파서 환자를 하나씩 넣고 뚜껑을 닫아둔다지 뭐냐.
좀 나아지면 말뚝에 사슬로 묶어, 개처럼 기어 다닐 수 있게는
해준다지만....

이모가 벌떡 일어나 달려가지만, 사사키 부인이 늘어진 줄을 잡아당기자 벽에 접혀 있던 주름식 쇠창살이 쫙 펼쳐져 앞을 막는다. 못 참고 픽 웃는 사사키 부인. 터덜터덜 돌아와 얌전하게 앉는 이모.

8세 히데코

(소리)
やがて金蓮が着物を脱ごうとしたとき……
마침내 금련이 옷을 벗었을 때....

- 각자의 책상을 두고 마주 앉은 10세 히데코와 코우즈키. 노랑 장갑을 낀 히데코가 책장을 넘기면 [금병매]의 삽화. 반금련과 서문경이 서로의 음부를 어루만지는 장면을 그린 채색목판화. 유창하게 낭독하는 히데코, 곁에 앉은 이모.

10세 히데코

西門慶がその女の玉門をよく見ると、
生毛さえなく、雪のように白く、玉のようになめらかで……
서문경이그여자의옥문을살펴보니솜털조차없이눈처럼희고옥처럼매끈
하고....

코우즈키

合間合間に息をつかないとなあ、

舌で皿を舐めるように読んでいてどうする。

叔母様が読むのを聞いてごらん。

사이사이에 숨을 쉬어야지, 혀로 접시를 핥아내듯 해서야 되겠느냐?

이모 읽는 것을 들어보아라.

아내를 돌아보는 코우즈키. 이모, 시범낭독을 시작한다.

공허한 눈동자와 체념한 표정과는 달리, 윤기 있는 음성과 풍부한 표현력으로 책을 읽어 내린다.

이모

やがて金蓮が着物を脱ごうとしたとき、

西門慶がその女の玉門をよく見ると……

마침내 금련이 옷을 벗었을 때 서문경이 그 여자의 옥문을 살펴보니....

- 정식 독회 장면으로 전환된다. 다섯 손님과 코우즈키가 지켜보는 가운데 책을 읽는 이모, 아름다운 기모노와 정성 들인 화장 덕에 몰라보리만큼 아름다워 보인다. 뒤에 걸린 족자에는, 「露泉脚下」 '숨은 샘을 찾다'라고 적혔다.

앞으로도 코우즈키는 물론이고, 독회에 참가하는 모든 남성은 연미복을 입기로 한다.

이모

生毛さえなく、雪のように白く、玉のようになめらかで、

鼓のように弾力があり、絹のように柔らかく、

覆いを払うかのように肉の門を開くと、

中から、すっかり熟した酒の香りを漂わせ、

きめの細かい紅い天鵞絨の、襞と襞の間に露を宿して、

その中心は暗い空洞であるにもかかわらず、

新たな生命(いのち)を与えられたように、ピクピク動いていたという……
솜털조차 없이, 눈처럼 희고 옥처럼 매끈하고 북처럼 팽팽하며
비단처럼 보드라운데
장막을 걷듯 살로 된 문을 열면 안에서부터 잘 익은 술 향기가
풍겨 나오고
결결이 붉은 우단이 주름진 갈피갈피마다 이슬이 맺힌 가운데
그 중심이 어둡고 비었음에도 불구하고 따로 생명을 가진 듯
옴찔옴찔하더라....

코우즈키 뒤에 쳐놓은 커다란 병풍 뒤, 10세 히데코가 인형을 안고 앉아
듣는다. 호기심을 못 이기고 병풍 너머로 빼꼼 고개를 내미는 히데코,
이모부와 손님들 등짝이 보인다. 그 너머로 이모, 잠깐 낭독을 멈추고
눈을 들었다가 조카를 발견한다. 얼어붙은 듯 꼼짝도 못하고 이모를 건
너다보는 히데코.

78. 후원 (새벽)

인형 안고 어딘가를 올려다보는 10세 히데코. 화면 넓어지면, 주위 사
람들이 한 곳을 올려다보고 있다. 벚나무 가지에 매달려 흔들리는 이모,
눈 감고 평온한 표정. 사사키 부인이 히데코를 발견하고 눈짓하자 하녀
가 반짝 안아들고 떠난다. 별채 2층 창가에서 내려다보고 선 이모부의
실루엣을 알아보는 히데코. 시점으로, 이모부가 멀어진다.

성인 히데코

その夜(よ)から、書斎に行くと、ある癖が出るようになった。
그 밤부터, 서재만 다녀오면 하는 버릇이 생겼다.

79. 히데코 방 (새벽) + 후원 (해질녘)

대야 끌어안고 토하는 10세 히데코. 카메라가 창으로 팬하면 어느새 해

질녘. 후원의 벚나무가 내려다보인다.

철봉 하듯 팔을 쭉 펴고 몸에 힘은 뺀 채 가지에 매달린 성인 히데코. 눈 감고 시체놀이를 하는 듯, 대롱대롱.

80. 서재 (저녁)

하인들이 집사 지휘 하에 행사 준비를 한다. 코우즈키와 히데코의 책걸상은 치워 양 벽에 붙여놓고 군데군데 다다미 몇 장을 들어낸다. 그 자리에, 같은 크기의 목판에 담긴 미니어처 연못과 바위가 솟은 모래밭, 분재가 심긴 흰자갈밭 따위를 가져다 맞춰 끼운다. 실내에 축소판 일식 정원이 꾸며진다.

81. 대문 (저녁)

운전기사가 모는 고급 차가 들어간다. 긴장한 얼굴의 백작이 뒷자리에서 내뿜은 담배 연기가 허공으로 흩어진다.

히데코
(소리)

「教えてくれ、ジュリエット…この浅はかな若き騎士ごときが、あなた様をお助けできようか」

"말해보라, 쥴리에트....이 경솔한 젊은 기사가 그대를 구해주기를 원하는가?"

82. 서재 (밤)

꼿꼿이 꽃처럼 앉은 히데코, 낭독한다. 만족한 기색으로 듣는 코우즈키. 차 마시며 귀 기울이는 일곱 남자들.

히데코

公爵夫人はゆっくり首を横に振ったので、
私はそれがなんともいえず寂しかった。
공작부인은 유유히 고개를 가로저었고
나는 그것이 말할 수 없이 섭섭했다.

(목소리를 살짝 바꾸며)

「さあ、勇敢な騎士よ……」
"자, 용감한 기사님...."

손님들을 차례로 돌아보던 히데코, 충격 받은 사람처럼 눈도 안 깜빡이면서 자기를 응시하는 백작을 발견한다.
고개 돌려 카메라를 바로 보는 히데코.

히데코

사실 신사들의 머릿속을 상상하기란 전혀 어렵지 않아.

83. 생풍 공작의 살롱 (낮) - 히데코의 상상

엉덩이를 드러낸 채 침대에 묶인 쥘리에트 역의 히데코.
서재 인써트 - 낭독하는 히데코의 정면 얼굴, 자기 자신(쥘리에트-히데코)을 보고 있는 표정이다.
쥘리에트-히데코 곁에 선 생풍 공작 역의 코우즈키, 말 엉덩이를 그렇게 하듯 쥘리에트의 엉덩이를 쓰다듬는다. 조금 떨어진 곳에 서서 그 모습을 바라보는 기사 역의 백작. 세 남녀가 말할 때 입모양에 맞춰 히데코의 목소리.

생풍 공작-코우즈키

この古い傷跡と生々しい桃色の傷をご覧になり、
如何なるお気持か。
여기 오래된 흉터와 신선한 분홍색 상처들을 보고 어떤 생각이 드시오?

기사-백작

あまりにもお可哀想で…ぺろぺろと舐めて、
よしよしとお撫でしとうございます。
너무도 가엾고 애처로워.... 할짝할짝 혀로 핥고,
토닥토닥 쓰다듬고 싶소이다.

생퐁 공작-코우즈키

そんなにお可哀想なら…
そなたが叩かれてはどうであろう、彼女に。
그렇게 가엾다면.... 당신이 맞아보면 어떻겠소, 그녀에게?

84. 코우즈키 저택 서재 (밤)

차를 마시는 것도 잊은 채 이야기에 빠져든 일곱 손님들. 고상한 음악이
라도 듣는 양 엷은 미소를 띤 채, 손님들 반응을 살피는 코우즈키. 히데
코도 손님들 하나하나를 돌아보며 그 머릿속을 상상한다.

히데코

鞭を手にした公爵夫人の手が宙に舞い……
채찍을 든 공작부인의 손이 허공으로 올라갔다가....
(접은 부채 든 손을 허공에 올리는 히데코, 그것을 따라가는
손님1의 눈이 점점 커진다)
ピシッ。
찰싹.

85. 생퐁 공작의 살롱 (낮) - 히데코의 상상

입을 꽉 다물고 채찍을 내리치는 쥘리에트-히데코. 침대에 묶여 신음을
토하는 손님1의 얼굴.

86. 코우즈키 저택 서재 (밤)

부채를 든 히데코의 손이 다시 올라갈 때 그것을 바라보는 손님2의 턱도 따라 올라간다. 손님2를 바라보는 히데코.

히데코
そして、もう一打ち……
<u>그리고 또 한 대....</u>
(이미 눈을 질끈 감는 손님2)
ピシッ。
<u>찰싹.</u>

87. 생퐁 공작의 살롱 (낮) - 히데코의 상상

- 침대에 묶인 손님2의 엉덩이에 내리치는 쥘리에트의 채찍.

히데코
(소리)
ピシッ。
<u>찰싹.</u>

비명 내지르는 손님3.

히데코
(소리)
私のペニスは苦痛なほどに膨れ上がった。
<u>나의 자지는 고통스러울 정도로 부풀어 올랐다.</u>

때리기를 멈추는 쥘리에트-히데코.

생퐁 공작-코우즈키
十分間、彼女をそなたのものにできるのなら、
わしに何をくださるか。
<u>그녀를 십 분간 당신의 것으로 해준다면 내게 무엇을 주겠소?</u>

기사-백작
あなたが望むものなら何なりと、
この世に存在するものなら何なりと。
<u>당신이 원하는 것은 무엇이든, 이 세상에 존재하는 것은 무엇이든.</u>

침대 기둥에 묶인 기사-백작의 팔을 풀어주는 생퐁 공작-코우즈키.

히데코
(소리)
公爵に縛った両手を解いてもらうと、
私は椅子に座って彼女を抱きしめ……
<u>공작이 결박을 풀어주자, 나는 의자에 앉아 그녀를 끌어안고....</u>

88. 코우즈키 저택 서재 (밤)

히데코
彼女のおまんこに私の一物を押し込んだ。
<u>그녀의 보지에 나의 것을 집어넣었다.</u>

애써 아무렇지도 않은 척하지만 엉덩이를 들썩이고 침을 삼키는 등 흥
분을 감추지 못하는 손님들, 백작만이 차분하게 히데코를 응시한다. 히
데코도 그가 여타 사내들과는 다르다는 점을 발견하고 그를 더욱 주시
하기 시작한다.

106

히데코

「おお…ジュリエット…ジュリエット……」

"오....쥴리에트.... 쥴리에트...."

公爵が後から近づいてきたと感じた瞬間、私の首には綱がかかった。
後ろから徐々に首が締めつけられ、
私は溺れる者が藁をもすがるように、
押し寄せる急流のような彼女の髪を手に巻きつけた。
そして、公爵が言った「そろそろ、十分だな」

공작이 뒤로 다가왔다고 느끼는 순간, 내 목엔 밧줄이 걸렸다.
서서히 뒤로부터 목이 조여왔고 나는 물에 빠진 사람이
무엇이라도 붙잡으려는 것처럼 몰아치는 급류 같은
그녀의 머릿단을 손에 감았다.
공작이 말했다, "이제 십 분이 끝나가는군."

「ゆっくりと、あなた……
私は、まだこの者の苦痛を十分に楽しんではおりませぬ」

"천천히요, 여보....저는 아직 이 자의 고통을 충분히 즐기지 못했어요."

「だめだ、止めてはなりませぬ！ 願わくば我を殺したまえ、
この苦痛の中で…息の詰まるような苦痛の中で……」

"안 돼, 멈추면 안 되오! 제발 나를 죽게 하시오, 이 고통 속에....
숨 막히는 고통 속에...."

そうして、私はついに快楽と苦痛が一つであることを知った。
그렇게 해서 나는 마침내 쾌락과 고통이 한 가지임을 알게 되었다.

아무 일도 없었던 것처럼 조용히 책을 내려놓는 히데코. 누군가 숨을 턱

놓는 소리. 일제히 긴장을 풀고 자세를 고치는 손님들. 히데코에게서 시선을 떼지 못하는 백작. 좌중을 돌아보며 반응을 가늠해 보는 코우즈 키. 히데코 뒤에 걸린 족자에는 「苦悶之衣」‘고통은 의복'이라고 적혔다. 누군가 헛기침으로 겨우 침묵을 깨고 입을 연다.

손님1
サドですか。
<u>사드인가요?</u>

코우즈키
サド「風」ですね、
作者は『とかげの皮』の著者と同一人物とされる日本人です。
<u>사드 '풍'이지요, 작가는 [도마뱀가죽]의 저자와 동일인으로</u>
<u>추정되는 일본인입니다.</u>
(서로 얼굴을 돌아보며 술렁이는 손님들)
ハンブルクから来た船の、日本人の船員から得たものです。
<u>함부르크에서 온 배의 일본인 선원에게서 구했지요.</u>
(장갑을 낀 다음, 히데코에게서 책을 받아들어 손님들에게 보이며)
安物の紙に粗い活字、古く、すりへり、
食べカスと人間の分泌物で汚れた肉体……
この本を手に入れた時のわしの気持がお分かりか。
彷徨い疲れ果てていたこやつを、
お仲間の側に横たえた時の、わしの気分がお分かりか。
<u>저급의 종이에 조잡한 활자, 낡고, 닳고, 음식 찌꺼기와</u>
<u>인간의 분비물로 얼룩진 육체....</u>
<u>이 책을 손에 넣었을 때의 제 느낌을 아시겠습니까?</u>
<u>고단하게 세상을 떠돌던 이 녀석을 형제들 곁에 눕힐 때의 제 기분을</u>
<u>아시겠습니까?</u>

백작

まだ誰も開いていないミルトンの初版本にも、
けっして劣ることはないでしょう。
아무도 펼쳐보지 않은 밀튼의 초판본에 비길 것이 아니겠습니다.

코우즈키

そう、わしが愛して止まないのは、かえってこういう奴等なんです。
最後の頁(ページ)には、たいそう精巧な木版の挿絵がございましたが、
ご覧のように……
그렇습니다, 제가 편애하는 것은 오히려 이런 녀석들입니다.
마지막 장에는 꽤 정교한 단색 목판 삽화가 있었습니다만,
보시다시피....

코우즈키가 펼친 부분에는 삽화의 흔적만 남긴 채 찢어진 페이지.

손님2

残念ですね。その傷さえなければ、相当、値が張ったでしょうに……
안타깝네요, 그것만 온전했어도 부르는 게 값일 텐데....

원통한 마음을 애써 감추는 코우즈키. 손님3, 고개 끄덕이며 -

손님3

文章だけでは、体位がはっきりわからないので、
あえて挿絵を入れたのではないでしょうか。
문장만으로는 자세를 정확히 파악하기 힘들다고
판단했기 때문에 굳이 삽화를 수록하지 않았겠습니까.

코우즈키

でしたら、競売を始める前に……
그럼 경매를 시작하기 전에....

(도코노마 벽에 달린 손잡이를 올린다. 안에서 톱니바퀴 움직이는 소리)

秀子、この場面をやってくれないか。

<u>히데코, 이 장면을 보여줄 수 있겠느냐?</u>

위에서 떨어지는 조명을 받으며 일어서는 히데코, 더운 듯 부채질을 하며 기다린다. 사사키 부인이 와서 오비(기모노의 허리띠)를 풀어준다. 오비의 끝을 잡고 자기 자리로 돌아가는 사사키 부인, 계속 잡아당긴다. 선 자리에서 빙글빙글 돌면서 5미터짜리 천에서 벗어나는 히데코, 기모노를 벗는다. 긴 가운처럼 생긴 속옷만 입은 채로 서는 히데코. 동작과 자세마다 우아한 자신감이 넘친다. 사사키 부인이 기계장치를 조작하자 천장에서 내려오는 목제인형, 인형극에서처럼 팔다리에 줄이 달렸다. 예상한 듯 눈을 반짝이며 무대에 집중하는 손님들. 긴 머리를 푸는 히데코, 의자에 달린 가죽끈으로 고정시켜 앉힌 인형의 허벅지에 올라타고 앉는다. 인형의 양팔이 히데코의 상체를 감는다. 히데코, 인형과 제 허리를 하나의 가죽끈으로 묶는다. 인형 목에 줄을 거는 코우즈키, 손잡이를 조작하자 의자 다리가 뒤로 당겨지면서 앞으로 고꾸라진다. 동시에, 인형과 의자와 히데코가 한 몸이 되어 떠오른다. 히데코의 머리카락이 아래로 축 늘어뜨려진다. 다른 줄을 잡아당기는 코우즈키, 인형의 머리가 뒤로 젖혀진다. 히데코도 상체를 뒤로 휜다. 호를 그리는 팽팽한 몸의 곡선, 반만 감은 눈, 유카타의 벌어진 틈으로 드러나는 흰 다리. 손님들 입에서 탄성이 절로 난다. 인형처럼 감정 없는 히데코의 얼굴에 집중한 백작, 다른 남자들의 끈적끈적한 시선과는 유독 대비되는 냉정한 관찰자의 눈. 히데코, 이 남자에게 관심이 간다.

89. 별채 앞 (밤)

누군가 숨어서 엿보는 느낌의 화면 - 손님들 배웅하는 코우즈키, 악수 나누다가 백작에게만 몰래 귀엣말한다. 재빨리 끄덕이는 백작, 가는 척하면서 어영부영하다가 사람들 다 떠난 다음까지 남는다. 코우즈키와 서재로 돌아간다.

90. 서재 (밤)

고서에 수록된 춘화를 돋보기로 들여다보며 비슷한 재질의 종이에 모사하는 백작. 유심히 지켜보는 코우즈키.

코우즈키
高貴なご身分の方が、
なぜ、模写などをしておられるのか。
고귀한 신분으로, 어째 남의 그림 베끼는 일을 하시오?

백작
頭と器用な手先だけを信じて、
賭博に情熱を傾けた時期がございました。
言い寄ってくる女どもを、
葡萄酒でもてなす端金さえ無くした心境を、
先生は見当もおつきにならないでしょう。
머리와 손재주를 믿고 노름에 열정을 기울인 시절이 있었습니다.
다가오는 그 많은 여인들에게 포도주를 대접할 푼돈마저 잃은 심정을
선생께서는 짐작조차 못하시겠죠.

코우즈키
ここの女どもも、伯爵に近づこうとしおったか?
이 집 여인들도 백작께 다가가더이까?

백작
わたくしは女の瞳を見ます、ただ瞳だけを。
저는 여자들 눈을 봅니다, 오로지 눈만을.

91. 서재 외벽 (밤)

오페라글라스를 들여다보는 히데코의 눈. 서늘한 바람 불어와 이마의

머리카락을 살짝 날린다.

백작

(소리)

女たちはわたくしを避けて視線をそらします……
けれども、またすぐに戻ってきます。
여자들은 저를 피해 시선을 돌리죠....하지만 이내 다시 돌아옵니다.

화면 넓어지면, 서재 건물 외벽 2층의 발코니에 선 히데코 보인다. 이미
움직이기 편한 양장으로 갈아입은 히데코, 아까 제가 열어놓은 창의 틈
을 통해 이모부와 백작을 훔쳐본다. 특히 백작의 이모저모를 뜯어보는
히데코.

백작

(소리)

瞬時に成り立つ無言の問答ですね。
もし今夜、わたくしが誰かの布団に忍び込むとしたら……
拒む女性はこの屋根の下に、ただひとりです。
짧은 순간에 이루어지는 무언의 문답이지요, 만약 오늘밤 제가
누군가의 이불로 숨어든다면....거절할 여성은 이 지붕아래,
딱 한 사람입니다.

92. 서재 (밤)

코우즈키

佐々木夫人も含めてか。
사사키 부인도 포함입니까?

백작

佐々木夫人は……

사사키 부인은....

(잠깐 망설이다)

先生の前の奥様ではございませんか。

日本人女性と結婚するため、お捨てになった……

선생의 전처가 아니십니까? 일본 여인과 혼인하기 위해 버리신....

(놀랐지만 꽤 능숙하게 표정관리하는 코우즈키)

女中が話してくれました、いまだに床を共にされるとか。

하녀들이 말해주더군요, 아직도 잠자리를 함께 하신다고.

(코우즈키의 입꼬리가 비틀린다)

…ひとつ伺ってもよろしいでしょうか。

....질문 하나 해도 될까요?

코우즈키

もちろん。

물론.

백작

どうして、そのように―妻を捨ててまで―

日本人になろうとなさるんですか。

어째서 그토록 - 즉, 아내를 버리면서까지 - 일본인이 되려고

애쓰시는지요?

코우즈키

朝鮮は醜いが日本は美しいからでしょう。

조선은 추하나 일본은 아름답기 때문이요.

백작

日本は醜いが朝鮮は美しいという日本人もおりましたが……

일본은 추하나 조선은 아름답다는 일본인도 보았습니다만....

코우즈키

美は残忍なものでしかないが、
朝鮮は、脆く濁り鈍くて、いけません。
伯爵を拒むという唯一人の女の話でもなさらんか、
佐々木夫人も含めてか。
아름다움은 그저 잔인한 법인데, 조선은 무르고 흐리고 둔해서 글렀소.
백작님을 거절할 단 하나의 여자 이야기나 어서 하시오,
사사키 부인도 포함이요?

백작

佐々木夫人は…
適切に合図さえ送れば、下着をつけないで、
わたくしの部屋のドアを叩くお方です。
사사키 부인은....
적절히 신호만 드리면 속옷을 입지 않고 제 방문을 두드리실 분입니다.

잠깐이나마 냉기 어린 침묵이 감돈다. 이윽고 코우즈키, 전혀 감정이 섞
이지 않은 말투로 –

코우즈키

わしの考えもまったくそうだ……
では誰であろう、拒むという唯一人の者は?
내 생각과 정확히 같소....그럼 누굴까, 거절할 단 한 명은?

백작

洋の東西を問わず、製本の道具には上物の骨董ばかりを
蒐集されたと伺いましたが……
동서양의 책 만드는 연장들을 최상급 골동으로 수집하셨다고
들었는데....
(두리번거리며)

見当たりませんね。
안 보입니다?

コウズキ

のちほど、お見せいたしましょう……
拒むという唯一人の者は誰なのですか。
나중에 보여드리리다....거절할 단 한 명은 누굽니까?

못 당하겠다는 듯 피식 웃는 백작.

백작

ふと眼が合ったときに、
秀子お嬢様は視線をおそらしにはなりませんでした。
むしろ、わたくしの方が避けてしまったほどです。
お嬢様は窓をカーテンで覆うように、心を閉ざしておられたのです。
우연히 마주쳤을 때, 히데코 아가씨는 눈을 돌리지 않으셨죠.
오히려 제가 시선을 돌려야 했어요.
아가씨는 마치 창에 장막을 쳐놓은 것처럼 시선이 안쪽으로만
향해 있더군요.

コウズキ

その娘が今夜、伯爵のねっとりとした夢に現れるでしょうか。
그 아이가 오늘밤 백작의 끈적한 꿈에 나오겠습니까?

백작

光栄ですが、夢にお越しいただいても、お嬢様とは遂げられません。
わたくしは、はじめるやいなや、冷や汗にまみれ、
後悔するでしょう。お嬢様の体が水鳥のようの冷たいので。
영광스럽게 제 꿈을 방문해주신다 해도 아가씨와는
성사될 것 같지 않습니다.

전 시작하자마자 식은땀을 흘리며 후회하게 되겠죠,
아가씨 몸은 물새처럼 차가울 테니까요.

코우즈키

(우쭐해)
長い訓練の賜ですね。
오랜 훈육의 결과지요.

백작

お嬢様と婚約されたと伺いましたが……
わたくしの目に狂いがなければ、まだ体の関係はなさそうですね。
彼女の眼差しには欲望が見えない、それは魂が死んだも同然だから……
訓練もほどほどに、死体との交渉がお好きなら別ですが。
아가씨와 정혼하셨다 들었는데....
제 눈이 틀리지 않는다면 아직 관계를 하지 않으셨지요?
그분 눈빛엔 욕망이 없어요, 그건 이미 죽은 혼이나
다름없다는 뜻이니....
훈육도 어지간히 시키시지요, 시체와의 교접을 선호하시는 게
아니라면.

담뱃대에 불을 붙이는 코우즈키, 백작에게도 담배를 권한다.

코우즈키

お吸いになりますか。
피우시려오?
(그러나 백작은 주머니에서 은제 담배케이스를 꺼낸다.
코우즈키, 흥미롭다는 듯)
伯爵ともあろう高尚な嗜好のお方が、
シガレットのような下品な流行ものに夢中におなりとは。
어떻게 백작처럼 고상한 취향의 소유자가

시가렛과 같은 천박한 유행취미에 빠져들 수 있습니까?

백작, 케이스를 연다. 칸막이된 내부에는 고급 당지唐紙와 실크 컷 연초가 들었다. 당지 한 장을 꺼내 책상에 놓는 백작, 책상에 놓인 붓을 들어 순식간에 날렵한 나체 여인의 옆모습을 그려낸다. 감탄하는 코우즈키. 거기에 얇게 잘린 연초를 깔고 돌돌 만 다음, 시곗줄에 달린 병을 열고 향수를 살짝 묻힌 후 고급 라이터로 불을 붙인다.

마술사처럼 우아하고 효율적인 동작을 끝내고 유유히 연기를 내뿜는 백작을 보며 으음 – 하며 끄덕이는 코우즈키.

백작
美の所有者である、わたくしだけのやり方です。
아름다움을 소유하는 저만의 방식입니다.
(실눈을 뜨고, 가늘게 올라가는 담배 연기를 물끄러미 보면서)
秀子お嬢様も美術教育をお受けになっているはず。
히데코 아가씨도 미술교육을 받으셨겠죠?

코우즈키
背筋を伸ばし、本をはきはき読ませることにだけ努めまして……
등과 어깨를 곧게 펴고, 책을 또박또박 읽게 하는 데에만 신경 쓰느라....

백작
(돌아보며, 아주 놀랐다는 듯)
なんと！わたくしが留学した英国では、
淑女には、必ず美しい色彩と優雅な曲線が描けるよう、
教育いたします。貴族でない家でさえ。
저런! 제가 유학한 영국에서는 숙녀들로 하여금 꼭 아름다운 색채와
우아한 곡선을 다루게 합니다. 심지어는 귀족이 아닌 집에서조차
말이죠.

93. 서재 외벽 - 뒤꼍 (밤)

능숙하게 정해진 벽돌들을 디디면서 척척 내려오는 히데코. 옷에 묻은 먼지를 털며 어둠 속으로 사라진다.

백작
(소리)
彼らのしなやかな身のこなしと感覚的な鋭さは、
そうして身につくのです。
그들의 유연한 몸놀림과 감각적인 예민함은 그렇게 해서 갖추어지지요.

94. 식당 (밤)

조용히 앉아 간단한 야식을 먹는 코우즈키와 백작, 히데코. 시중드는 준코가 자꾸 백작을 힐끔거리다 눈이 마주치자 얼굴이 빨개진다. 그 모습을 놓치지 않고 관찰하는 히데코. 급히 코우즈키에게 다가오는 집사, 속삭인다.

집사
お電話が入っております。
전화가 와 있습니다.

코우즈키
(역정이 나지만 언성을 높이지는 않고)
どうして、こんな夜中に！
어째서 이 밤중에!

집사
「岩村書店」ですが……
[이와무라 서적]입니다만....

코우즈키

(지체 없이 입을 닦고 일어서며 백작을 향해)

少々失礼いたします。

<u>잠깐 실례하겠습니다.</u>

코우즈키와 집사가 나가는 것을 보고 조끼주머니에서 회중시계를 꺼내
보는 백작, 히데코에게 시선을 옮긴다.

백작

蠱惑的でいらっしゃる。
<small>こわくてき</small>

<u>매혹적이십니다.</u>

히데코

「蠱惑的」というのは……

紳士が淑女の胸をまさぐりたいときの言葉じゃないの。

そんな西洋式のマナーぐらい私も知ってるわ。

'매혹적'이라는 건....신사분들이 숙녀의 가슴을 만지고 싶을 때
<u>하는 말이잖아요.</u>

<u>그런 서양식 대화 매너쯤 저도 알아요.</u>

(자조적인 뉘앙스의 희미한 미소를 지으며)

…その程度の読書ぐらい、致しておりますので。

<u>....아무래도 약간의 독서는 하고 있으니까요.</u>

백작

計算ずくで言ったわけではありません。

火が手に触れたとき、「あっ、あつ！」と言うように、ただ……

<u>계산속으로 한 말이 아니었습니다.</u>

<u>불에 손을 댔을 때 "아, 뜨거!" 하는 것처럼 저도 모르게 그만....</u>

히데코

火はおろか…水鳥のように冷たい女です、伯爵様。

불은커녕....물새처럼 차가운 여잔데요, 백작님?

제가 한 말을 알고 있다는 데 놀라지만 침착하게 표정을 다스리는 백작,
시계를 다시 보며 -

백작

…すぐお戻りになるでしょう。

岩村さんは些細なことで電話してきたのです、わたくしの頼みで。

....곧 돌아오실 겁니다.

이와무라씨는 뻔한 질문을 하려고 전화한 것뿐이거든요, 제 부탁으로.

(의아하게 바라보는 히데코)

将来について、お嬢様が知っておくべきことがございます。

午前零時に、石灯籠の側でお待ちしております。

아가씨의 미래에 관해 꼭 아셔야 할 이야기가 있습니다.

자정에 석등 옆에서 기다리겠습니다.

약간 고개 숙인 히데코, 백작의 속을 들여다보려는 듯 눈만 들어 차분히
건너다본다. 이모부가 돌아오고 있다.

95. 히데코 방 + 후원 (밤)

졸음 가득한 눈을 하고 베개를 가슴에 안은 준코가 꾸벅 인사한다.

준코

お休みなさいませ、お嬢様。

안녕히 주무세요, 아가씨.

초조한 듯 손짓해서 얼른 내보내는 히데코. 준코, 하녀 방이 아니라 복

도로 통하는 문으로 나간다. 문 닫히자마자 전등 끄고 창가로 가는 히데코, 오페라글라스로 컴컴한 후원을 내려다본다. 석등 옆에서 라이터불이 켜진다. 담뱃불 붙이는 백작의 얼굴이 드러난다. 이쪽을 올려다보는 백작, 어두워 아무것도 안 보이는지 표정에 변화가 없다. 저택 쪽으로 걷기 시작하는 백작을 오페라글라스로 따라가는 히데코. 달려가, 복도에 면한 벽에 귀를 댄다. 현관문이 닫히면서 내는 벽 울림, 창유리의 미세한 떨림, 계단을 올라오는 발걸음, 복도 걸어오는 소리. 서랍에서 장갑을 꺼내 끼는 히데코, 문손잡이를 붙잡고 선다. 이윽고 도착하는 발소리. 히데코, 작지만 단호한 목소리로 선수 친다.

히데코
襖の向うで侍女が寝ています、
伯爵様とお噂になりたくありません。
미닫이문 하나 건너에 하녀가 자요, 백작님하고 추문으로 얽히고
싶지 않습니다.

백작
純子が起きたら、わたくしが勝手に押しかけたとでも言ってください。
준코가 깨어나면 제가 초대도 없이 들이닥쳤다 하세요.

히데코
貴族としての面子をお考えください。
귀족의 체면을 생각하세요.

백작
わたくしは貴族ではありません、ましてや日本人でも。
저는 귀족이 아닙니다, 심지어 일본인도 아니죠.
제주도 머슴의 소생이 여기 오는 게 쉬웠을 것 같습니까?
일본 가서 십오 년 고생하고 났을 때 당신 소문을 들었어요....
그러고 나서

준비하는 데 또 삼년 걸렸고요, 종이하고 책에 관해 배우고
그림 베끼는 법을 익혔죠....다 당신을 만나려고 그런 거예요,
유혹해서 결혼하고
아버지에게서 물려받은 재산을 차지한 다음....
그리고 아마도 당신을 버리려고요.
(대담한 솔직성에 깊은 인상을 받는 히데코)
하지만 만나자마자 알았죠, 어떤 남자도 당신을 유혹하기는....

갑자기 문 여는 히데코. 벽에 한 팔 대고 기대선 백작, 말을 멈추고 눈을
들어 히데코를 본다.

히데코

....불가능하죠.

싱긋 웃으며 넉살좋게 들어오는 백작, 히데코 품의 인형을 본다. 인형을
침대에 휙 던지는 히데코.

백작

그래서 난 유혹 대신 거래를 제안하기로 했습니다.
(도전적으로 바라보는 히데코)
대개의 결혼은 구속이지만 이건 자유를 향한 결혼입니다.
여기서 아가씨를 구해내고 아무도 모르는 곳으로 떠나 자유롭게
놓아드리겠어요.
물론 돈은 나눠야겠지만.

히데코

어림없는 소리!

백작

꽃다운 나이에, 혓바닥 새까만 노인하고 결혼하는 건 어림이 좀 됩니까?

히데코

난 뉘하고도 결혼 안 해요.

백작

도대체 무슨 생각을....

(스스로 말을 중단하고 히데코의 눈을 가만히 들여다보더니
고개를 절레절레 흔들며)

....그건 바람직하지 않아요, 아름답지 않아요.

(뜨끔 하는 히데코)

아가씨가 자살하면 재산은 어디로 가죠?
그게 당신이 얻고자 하는 결실인가요, 아버지 재산을
그 변태에게 넘기는 것?
어디서 또 예쁜 소녀를 열이고 스물이고 사다가
낭독을 가르치게 말이죠?

히데코

이모부는 어떻게든 우릴 찾아낼 거예요. 잡히면 지하로 끌려가요.

백작

지하요?

96. 서재 (낮) - 회상

낭독 연습중인 12세 히데코와 코우즈키. 히데코가 고개 들어 이모부를
본다.

12세 히데코

叔父様、わからないことがあるんです。
이모부, 궁금한 게 있어요.

(이모부가 돌아보기를 기다렸다가, 읽던 책 [장의사의 침실]을

가리키며)

ここには首を吊って死んだ人は、舌を長く垂らし、

うんこするって書いてあるんだけど？

여기엔 목매 죽은 사람은, 혀를 길게 빼물고 똥을 싼다고 적혀

있잖아요?

('그런데?'라고 묻듯이 미간을 찌푸리며 다음 말을 기다리는 코우즈키)

だけど、あの日の叔母様は、

どうして口もしっかりとじて、下もきれいだったの？

그런데 그날 이모는 왜 입도 꼭 다물고 아랫도리도 깨끗했어요?

불편해하며 물끄러미 바라보는 이모부. 꽤 오래 냉랭한 침묵이 감돈다.
이윽고 몸을 일으키는 코우즈키.

코우즈키

わしといいとこに行かないか？

나하고 좋은 데 갈래?

잠시 후 -
히데코가 지켜보는 가운데, 긴 직사각형 다다미 한 장을 들어내는 코우
즈키.

97. 서재 지하실 (낮) - 회상

컴컴한 실내. 문이 열리면서 빛이 쏟아져 들어온다. 긴 계단 꼭대기에
두 사람의 실루엣이 드러난다. 히데코가 앞장서게 하고 따라오는 코우즈
키, 낮인데도 등롱을 들었다. 머뭇거리며 떠밀리듯 한발 한발 내려오
는 12세 히데코.

코우즈키

おまえの叔母が逃げる勇気を出したわけが、

わしには未だにわからんのだ。
네 이모가 어떻게 해서 달아날 용기를 냈는지
나는 아직도 모르겠다.
왜년들은 남자한테 순종적이라고들 하지 않던?
その時ここで、おまえの叔母に何をしたか、よく教えてやろう。
決して逃げようなんて思うな、わかったか。
그때 이 방에서 내가, 붙잡혀온 네 이모한테 어떻게 했는지
자세히 가르쳐줄 테니
넌 절대로 달아날 생각 마라, 알겠니?

지하층에 도착해서 아래로 늘어진 줄을 잡아당기는 코우즈키, 천장등이
켜진다.
히데코, 카메라 뒤로 펼쳐진 - 우리에게는 보이지 않는 - 실내 풍경을 보
고 입을 벌린다.

98. 히데코 방 (밤)

회상만으로도 몸서리를 치는 성인 히데코.

히데코

그날은 그냥 보고 듣기만 했어요.
하지만 거기 다시 가는 날에는....몸소 '겪게' 될 거랬어요.

백작, 주머니에서 조그만 파란 유리병을 꺼낸다. 우리가 1부의 결혼식
장면에서 이미 본 물건이다. 고무 손잡이가 달린 뚜껑을 열어 스포이트
로 붉은 빛 도는 갈색 액체 한 방울을 병 안에 똑 떨어뜨려 보이는 백작.

백작

세 방울 먹으면 종일 푹 잘 수 있습니다, 다섯 방울이면 말이라도
곯아떨어지죠.

단 오 분 안에 죽음에 이르고 싶다면? 몽땅 들이키면 됩니다.
이 아편을 지니고 있는 한 이모부는 아가씨를 지하실에 못 데려갑니다,
적어도 산 채로는.
(병을 향해 손을 뻗치는 히데코, 잽싸게 주머니에 넣어버리는 백작)
....결혼해주시면 예물로 드리죠, 약소하지만.

히데코

(아쉬움을 달래느라 잠시 침묵하다가)
하녀로 쓸 만한 계집아이를 하나 구해주세요.
갑자기 사라져도 신경 쓰는 사람 없는 아이로....좀 둔하면 더 좋겠죠.
들어가면 다시는 나올 수 없는 정신병원이란 데 집어넣기로 해요,
내 이름으로요.
거기선 땅에 구덩이를 파서 환자를 하나씩 넣고 뚜껑을 닫아둔대요.
난 내 이름이 그 구덩이에 묻히기를 원해요.

백작

(경탄하는 한편 궁금해져서)
새 하녀를 구해드릴 순 있겠지만....지금 있는 준코는 어쩌시게요?

99. 하녀 방 + 히데코 방 (밤)

나중에 숙희가 쓰게 될 방. 백작에 의해 벽으로 거칠게 몰아붙여지는 준코, 눈을 내리깔고 기어들어가는 소리로 –

준코

秀子お嬢様より、私がずっと綺麗だって、本当ですか。
히데코 아가씨보다 제가 더 예쁘단 거, 참말이죠?

백작

(히데코의 방 쪽을 의식하며)

えっ? 뭐? 어....그럼그럼! 히데코도 예쁘고 준코도 예쁘고....

준코

어머, 조선말을?!

백작

(당황하지 않고)

어, 그건 말이지....배웠어, 너하고 좀 더 편하게 이야기하려고.
이 말을 꼭 해주고 싶었거든, 너....참 매혹적이야.

준코

어머어머!

준코가 내려다보면, 마술사처럼 한복 저고리와 치마를 순식간에 해체시
켜버리는 백작. 엄지와 집게손가락으로, 드러난 준코의 젖꼭지를 잡아
조금 비틀면서 당긴다.

백작

こいつ!

<u>요놈!</u>

준코의 교성을 들으면서 카메라 서서히 수평 트래킹하면 벽을 지나 히
데코의 방. 벽에 뚫린 작은 구멍에 눈을 대고 선 히데코, 완전히 무표정
한 얼굴. 애써 억누르는 준코의 목소리.

준코

(소리)

아아아아....안 돼요, 저 쫓겨나요....아악....백작님, 서서 이러는 건
첨이에요....

준코의 소리 점점 사라져가고 카메라 다시 반대로 트래킹하면 벽을 지나, 어두운 하녀 방으로 돌아온다. 어느새 방이 비었다. 자막 - '한 달 후'. 멀리서 가까워지는 두 사람의 발소리. 삐걱- 문 열리며 사사키 부인과 숙희가 입장.

사사키 부인
히데코 아가씨는 신경쇠약이라 잠이 잘 깨서.

숙희
아가씨가 조기 계시다고요?

카메라 다시 돌아가면 벽 너머에서 훔쳐보는 히데코의 모습, 잠옷 차림이다. 사사키 부인이 쉿! 하는 소리에 이어 문 닫히는 소리. 사사키 부인의 발소리가 멀어진다. 숙희의 한숨 소리.
히데코의 구멍을 통해 보이는 숙희, 두렵고 멍한 얼굴로 두리번거린다. 조심스럽게 문을 조금 열고 이 방을 들여다본다. 일부러 발뒤꿈치로 바닥을 찍어 쿵 소리 내는 히데코. 깜짝 놀라 이불 속으로 쏙 들어가는 숙희.

숙희
이런, 니-미럴....

히데코, 웃음을 참는다. '니-미럴' 하고 조그맣게 따라해 본다. 꾸물꾸물, 옷을 벗는 숙희. 이불 밖으로 나오는 숙희의 벗은 팔, 벗은 옷을 떨군다. 흥미롭다는 듯 지켜보는 히데코. 이불 밖으로 나오는 숙희, 쪼그리고 앉아 가방에서 유카타를 꺼낸다. 아무 것도 모르고, 엿보는 구멍 가까이 선다. 바로 앞에 있는 숙희의 젖가슴을 보는 히데코, 당황한다. 후다닥 유카타를 입고 다시 이불 속으로 들어가는 숙희, 머리까지 뒤집어쓴다.

잠시 후 -

침대에 누운 히데코, 양팔을 쭉 뻗고 손에 인형을 들었다. 인형을 올려
다보며 속삭인다.

히데코

으음- 만나서 반가워....그래, 이 고장은 맘에 드니?

....우린 어딘가 좀 닮은 것 같아, 너도 고아라지?

(인형을 내려놓고 잠깐 가만히 누웠다가 갑자기 비명을 지른다)

ああっ！ お母様！

아아악! 엄마!

눈 감고 기다리는 히데코, 숙희가 튀어 들어온다. 계속 비명 지르는 히
데코를 흔들어 깨우는 숙희.

숙희

お嬢様、お嬢様…大丈夫でございますか。

아가씨, 아가씨....괜찮으세요?

히데코

純子? 純子なの?

준코? 준코니?

숙희

純子さんはお暇を出されて、私が新しく参りました。

준코는 쫓겨났고요, 제가 새로 왔어요.

으응 - 하며, 희미한 안도의 미소를 짓는 히데코 얼굴에서 페이드아웃.

100. 히데코 방 (아침)

창가에서 추천장을 읽는 히데코, 긴장된 표정으로 자기를 보는 숙희를 의식한다. 1부의 같은 장면이 숙희 얼굴 중심이라면 여기서는 히데코 중심이다.

백작

....진짜 이름은 남숙희입니다.
숙희한테, 기회 될 때마다 패물이나 좋은 옷을 슬쩍슬쩍 보여주세요.
어미로부터 물려받은 물욕이 그 아이를 더 어리석게 할 테니까요.
추신 – 아가씨가 이모부를 위해 어떤 일을 하고 있는지는
굳이 말하지 않았습니다.
그 애가 아가씨께 불필요한 동정심을 품어봐야 좋을 게 없으니까요.
그리고 또 하나, 숙희가 편지를 넘겨보더라도 걱정 마세요....
걘 까막눈이랍니다.

히데코

(금방 다 읽어놓고, 못 읽겠다는 표정으로 그만두면서)
낭독연습 시간만 다가오면 이렇게 두통이 나....
(추천장을 숙희에게 돌려주며)
좀 읽어줄래?

숙희

はい?
예?

잠시 후 –
수치심 가득한 얼굴로 고개 드는 숙희.

숙희

....읽을 줄 몰라요, 아가씨.

히데코

전혀? 그럼 조선 글은?

(눈썹연필로 종이에 갈겨쓰는 히데코, 숙희에게 보여준다.
이번에는 우리도 볼 수 있다 – '후지와라 히데코 백작부인')

네 이름이야, 이름도 몰라?

비참한 얼굴로 고개 젓는 숙희를 보고 잔인한 미소를 짓는 히데코, 숙희의 한쪽 맨발을 본다.

101. 하인 식당 (낮)

줄지어 선 하녀 2, 3, 4의 따귀를 한 대씩 때리는 히데코.

히데코

誰、珠子の靴を持って行ったのは?

누구지, 타마코 신을 가져간 년이?

(하녀들 시선이 가는 방향, 하녀 1. 히데코, 성큼성큼 다가가
머리채를 움켜쥐고
마구 흔든 뒤 내동댕이친다. 산발이 되고 얼굴에 손톱자국이 난 채
딩구는 하녀1)

みんなの前で謝れ。

하녀들 다 모인 데서 사과해.

(하녀들을 둘러보며)

もし、おまえたちのせいで珠子が逃げたら、丸裸にして追い出すから!

만약에 걔가 너희 때문에 도망이라도 치는 날이면, 모조리 발가벗겨서
내쫓을 거야!

(벌벌 떠는 하녀들을 두고 돌아서는 히데코)

니-미럴....

102. 히데코 방 (낮)

대야 쪽에서 본 히데코 얼굴 - 대야를 향해 머리 숙인 히데코의 등을 탕 탕 치는 숙희.

숙희

차암, 뭔 놈의 책을 얼마나 읽길래....우리 아가씨 박사 되시겠네, 박사!

너무 세게 치는 바람에 히데코 머리통이 앞뒤로 흔들흔들, 정신이 하나 도 없다. 고만하라고 손을 내젓는 히데코.

히데코

本に出てくる「友」って…こんな感じかしら?
책에 나오는, '동무'라는 것....이런 것일까?

103. 히데코 욕실 (낮)

사각사각 - 이빨 갈아주는 동안 초조한 듯 엄지로 숙희의 한쪽 팔꿈치를 연신 쓰다듬는 히데코의 손 클로즈업. 슬며시 눈 떠보는 히데코, 눈 마 주치자 숙희 뺨이 붉게 물든다. 숙희가 시선을 피하자 마음껏 그녀의 얼 굴을 요모조모 뜯어볼 수 있게 된 히데코, 솜털이며 땀구멍까지 들여다 본다.

히데코

冬には盗んだ皮の財布を繋いで上着を作ったという
名高い女泥棒の娘、
自分自身も泥棒、スリ、詐欺師…
私の人生を台無しにするために現れた私の救世主……
私の珠子…私のスッキ……
겨울이면 훔친 가죽지갑들을 엮어 외투를 만들었다는
유명한 여도둑의 딸,

저 자신도 도둑, 소매치기, 사기꾼....내 인생을 망치러 온
나의 구원자....
나의 타마코....나의 숙희....

백작

(선행하는 소리)

あ、おまえが玉珠だな?

아, 네가 바로 옥주?

숙희

よろしくお願いたします、旦那様。

잘 부탁드립니다, 나리.

숙희가 고개 숙인 틈을 타 히데코와 시선을 교환하는 백작, 교활한 미소
는 숙희가 얼굴을 드는 순간 바로 사라진다.

백작

おまえがへましたら俺まで危うくなるんだ、わかってるな。

ふ〜ん…朝鮮人にしては悪くない骨相だ。

さあ、言ってみろ…やるべきことは忠実にやってるのか?

네가 잘못하면 내가 난처해진단 거, 알고 있지?

흐음....조선인치고 골상이 나쁘지 않구나.

자, 말해 보거라....네 할 일은 충실히 하고 있느냐?

공손한 숙희의 반응을 관찰하는 히데코. 가증스럽다는 듯 보다가, 표정
을 고치고 상냥하게 나선다.

히데코

ご紹介いただき感謝いたします。

伯爵様は、わたくしのために完璧な人を探してくださいました。

추천 감사드려요, 백작님은 절 위해 완벽한 사람을 골라주셨어요.

1부의 같은 장면과는 달리, 히데코의 시점 쇼트로 포착된 백작과 숙희.

백작

鈍い娘は絶対にだめだとおっしゃったので、骨を折りました。

절대 둔한 아이는 안 된다고 하셔서 애써봤습니다.

(주머니에서 은화를 꺼내)

お寂しいお嬢様をよろしく頼む…さあ。

외로우신 우리 아가씨를 잘 부탁한다....어서.

(히데코가 고개 끄덕여주자, 은화를 받는 숙희)

そうだな、お嬢様のお友達になってさしあげて、

代りにお金をもらうのは恥ずかしいことじゃない。

そうでしょう、お嬢様?

옳지....아가씨 동무가 돼드리는 대가로 돈을 버는 건

부끄러운 일이 아니란다.

그렇지요, 아가씨?

뻔뻔하게 히데코를 보며 이런 말을 하는 백작. 히데코, 억지로 웃으며
끄덕여준다.

숙희

(소리)

괜찮아요, 창피해 하실 일이 전혀 아녜요....

105. 히데코 방 (낮)

숙희

(귀걸이 한 짝만 남은 보석 상자를 들고)
....웬만한 장물아비도 헷갈리는 거니까.

실언을 수습하느라 쩔쩔 매는 꼴이 귀엽게 한심해서 픽 웃을 수밖에 없는 히데코, 선물에 동봉된 카드를 읽는다.

백작

빌려주신 귀걸이 반납합니다, 과연 여자가 운명을 걸어볼 만한
명품이네요.

히데코의 시점으로, 백작의 글씨가 적힌 카드의 클로즈업.
카메라가 고개를 들면 방 안에 와있는 백작 – 히데코의 상상이다. 편지 내용을 말로 떠드는 백작.

백작

이걸 귀에 달고, 고개를 요리조리 돌려가면서 거울을 보고 싶어서라도
숙희가 최선을 다하리라 생각됩니다.
그 아이가 우리를 의심하지 못하게 할 방법을 일러드리겠습니다.
혼인 당일까지 숙희가 잠시도 쉬지 못하게 하세요.
아가씨가 저를 사랑하도록 만드는 일에, 온 힘을 다해
애쓰도록 만드세요.
다시 말해서....저하고 쉽게 사랑에 빠지지 마세요.

백작, 우아하게 한쪽 입꼬리를 살짝 올리면서 웃는 듯 아닌 듯 웃는다.

106. 식당 (밤)

히데코가 입장하자 벌떡 일어서는 백작, 의자가 우당탕 넘어진다.

백작

蟲惑的…ひ、ひ、秀でたお美しさでございます！
매혹적....타, 타, 탁월하게 아름다우십니다!

얼굴 빨개진 백작, 빤히 보는 히데코의 시선을 서둘러 피한다. 한심해서
실소하는 히데코.

107. 히데코 방 + 응접실 (밤 - 낮) - 몽타주

- 드레스 입고 거울 앞에 선 히데코와 숙희. 귀걸이를 빼서 내미는 히데
코를 보고 놀라는 숙희.

숙희

제가요?

끄덕이는 히데코. 조심조심 귀에 걸어보는 숙희, '고개를 요리조리' 돌려
보더니 마음에 드는지 씩 웃는다.

히데코

耳飾りを自分のだと思っているその娘が、
未練がましくて、悲しくなった。
귀걸이가 제 건 줄 아는 그 계집애가 너무 미련해서 내가 슬퍼졌다.

억지로 마주 웃는 히데코, 숙희의 팔짱을 끼고 나란히 거울을 본다.

히데코

이렇게 해놓으니까 너도 아가씨 같다, 그치?

잠시 후 -
감정을 감추고 상대를 관찰하는 히데코, 얼굴에 들리는 소리.

숙희

(소리)

아가씨는 정말....조만간 이모부한테 시집가세요?

....다른 분하고 혼인할 염은 안 내보셨어요? 예를 들면 후지와라 백....

- 응접실. 감정을 감추고 상대를 관찰하는 히데코, 얼굴에 들리는 소리.

백작

(소리)

よう熟したようだ……

<u>거의 다 익은 거 같아....</u>

108. 뒷동산 (낮)

숙희

(방긋 웃으며)

후딱 다녀올게요, 비 오기 전에.

뛰어가는 숙희. 홀로 남겨진 히데코, 구름을 구경하고 있노라니 백작이
나타난다. 뒤를 가리키며, 별꼴이라는 듯 -

백작

쟤 왜 저래요? 달거리하나?

109. 응접실 (낮)

낮인데도 불 켜놓았다. 담요 두르고 소파에 앉아 고개 숙인 히데코, 곁
에 다가와 손을 붙드는 백작.
우리는 창밖에서 비를 쫄딱 맞아가면서 이쪽을 기웃거리고 있는 숙희를
볼 수 있다.

히데코

남자들, 메스꺼워....어쩌면 그렇게 한 가지 생각만 골똘할까!

백작

(놀라는 시늉하며)

내 생각이 뭔데요? 설마....내가 아가씨 몸에 맘이 있다고

생각하는 건 아니죠?

(성난 얼굴로 백작을 보는 히데코)

맞구면요! 하하하- 그런 책을 너무 읽으셨어....

저한테 일념이 있다면요, 아가씨....

(히데코의 눈두덩과 손과 엉덩이를 톡톡 건드려가며)

당신 눈도 아니고 손도 아니고 '둔'부도 아니고 돈, 오로지 당신 돈!

(불쾌하다는 듯 백작의 손을 쳐내는 히데코)

당신 가진 것 중에 으뜸은 돈!

아아- 이렇게 귀족 아가씨한테 함부로 씨부리니까 시원타....어허-!

부자연스러우리만치 과격한 표현을 큰소리로 떠들면서 껄껄 웃기까지 하는 백작, 진실성이라곤 없어 보인다. 쿵쿵거리는 숙희 발소리에 벌떡 일어나 멀찍이 떨어진 데로 옮기는 히데코. 턱과 머리카락에서 물이 뚝뚝 떨어지는 숙희, 문을 빼꼼 열고 들어선다. 숙희를 똑바로 못 보는 히데코.

110. 뒷동산 (낮)

스포트라이트처럼 햇빛 쏟아지는 너럭바위에 앉은 히데코. 아무렇게나 흘러내린 머리, 금방이라도 울음을 터뜨릴 듯한 얼굴. 앞에 백작이 앉아 있지만 지금 우리로서는 히데코만 볼 수 있다. 멀리서 숙희가 찾는 외침이 들린다.

111. 후원 (낮)

뒷산에서 내려다본 광경. 이리저리 소리 지르며 뛰어다니는 숙희 모습
이 조그맣게 보인다.

숙희

お嬢様！ 旦那様！ 伯爵様！
아가씨! 나리! 백작님!

112. 뒷동산 (낮)

씬110 연결. 손을 뻗는 백작, 히데코의 흘러내려온 머리카락을 만진다.

히데코

당신이 싫어요.

백작

숙희 올 때까지만 참아요....
이런 모습을 보여준 다음에 내가 청혼했다고 해야 믿을 거예요.

머리카락에서 볼로, 볼에서 턱으로 내려오는 백작의 손. 입을 꼭 다물고
견디는 히데코. 그런 히데코를 귀엽게 바라보던 백작, 히데코의 머리카
락을 귀 뒤로 넘기며 관자놀이에 입 맞춘다. 몸 가까이 끌어당기며 귓불
에 입 맞춘다. 옷을 어깨 아래로 내리며 쇄골에 입 맞추자, 거칠게 백작
을 밀쳐버리는 히데코. 화가 나 노려보는 백작.

백작

날 그 나무인형이라고 여겨봐요, 나도 딴 여자 생각할 테니.

히데코

누구를 생각할 건데요?

백작

(조금 수줍어하며 작은 소리로)

공작부인....쥘리에트요.

히데코 얼굴에 떠오르는 경멸의 표정. 저를 부르는 숙희 목소리가 들리자, 냉큼 백작 무릎에 올라앉아 스스로 기모노 앞섶을 여는 히데코. 입맞추는 백작, 히데코의 허리를 감싸 안는다. 몸은 경직된 채, 주먹 꼭 쥔 히데코.

숙희

(소리)

아가씨!

히데코, 몸을 뗀다. 숙희와 마주치자 흔들리는 히데코의 눈에 물기가 그렁그렁. 숙희, 몸을 돌려 도망친다. 화구들, 여기저기서 투두둑 떨어진다. 벌떡 일어서는 히데코의 어깨를 감싸 안는 백작. 거칠게 뿌리치는 히데코.

히데코

(책 읽는 소리)

お嬢様の感情は深く隠されており、金蘭には知る由もなかった。

아가씨의 감정은 깊이 감추어져 있어, 금란이 헤아리기 힘들었다.

113. 서재 (밤)

「風止夜鈴鳴」 '바람 잔 밤, 방울소리' 라고 쓰인 족자. 책 읽는 히데코. 백작을 포함한 손님 다섯과 더불어 듣는 코우즈키.

히데코

これを知った孫氏夫人は、小さい銀の玉四個を金蘭に与えた。

「これは勉鈴、即ち『勉める鈴』と呼ぶもの。

この二つはお嬢様の玉門に入れ、

二つはおまえのあそこの中に入れろ。

이를 안 손씨 부인은 작은 은공 네 개를 금란에게 주었다.

"이것은 면령勉鈴, 즉 '애쓰는 방울'이라 일컫는 것이니라.

이것 두 개는 아가씨의 옥문에 넣고 두 개는 너의 것에 넣어라.

(전등이 깜빡거리기 시작한다. 모두 동요하지만 히데코는
낭독을 중단하지 않는다)

それぞれの足を広げ、

あたかも２つの挟みが互いを切るように交差し、

下の唇と唇が擦り合えば、きれいな音が出るはずだ」

각자 다리를 벌려 마치 두 개의 가위가 서로를 썰겠다는 듯

엇갈려 부딪침으로써

아랫도리의 입술과 입술끼리 비비고 문지르면, 맑은 소리가 날 것이다."

갈라지는 목소리로 낭독을 중단하고 숨을 몰아쉬는 히데코. 신사들, 걱정스레 본다. 전등이 껌뻑이는 통에 히데코 모습이 보였다 사라졌다 한다. 켜질 때조차 급격히 어두워지고 있다. 목소리를 가다듬으며 계속 읽어나가는 히데코의 이마와 콧등에 맺힌 땀방울.

히데코

「いつこれを入れますか」金蘭が訊ねた。

「お嬢様が深く息をついて唾を飲むのか。

"언제 이것을 넣습니까?" 금란이 물었다.

"아가씨가 숨을 깊게 쉬고 침을 삼키는가?

(급기야 전등들이 다 꺼져버려 글자가 보이지 않는데도 히데코의
목소리는 계속된다)

耳に優しい言葉を囁きながら口づけをするのか。

おまえをしっかり抱いて乳首を弄るのか。
玉門がねばねばすると、そっと肩を咬むのか。
脚をお前の脚との間に入れ、爪先に力を入れるのか。
귀에 달콤한 말들을 속삭이며 입맞춤하는가?
너를 꽉 껴안고 젖꼭지를 만지작거리는가?
음문이 매끈매끈해지면서 은근히 어깨를 무는가?
다리를 너의 다리 사이로 넣으며 발끝에 힘을 주는가?
(잠깐 뜸 들였다가)
…まさにその時だ」
....바로 그 때다.”

'바로 그 때', 환하게 불 들어온다. 아예 눈 감고 낭송하던 히데코, 당황한 듯 눈 뜨더니 조용히 고개 숙인다. 뺨이 발갛게 달아올랐다. 좌중, 말을 잊었다. 백작을 향해, 어땠냐고 묻는 시선을 던지는 코우즈키. 헛기침하는 백작.

백작
…お嬢様は、孫氏夫人と金蘭、二人の女性の声を区別なさるので、
前に何度か伺った男性と女性の対話より自然で、
知らぬ間に息が深くなり、唾を飲み込むと、
爪先に自ずと力が入って……
....아가씨께서 손씨 부인과 금란, 두 여성의 목소리를
서로 구별되게 내주시니
전에 누차 들었던 남성, 여성의 대화보다 한층 여실하여
저도 모르게 숨을 깊게 쉬고 침을 삼키는가 하면,
발끝에 절로 힘을 주었다가....

백작의 재치에 신사들, 유쾌하게 웃는다. 그들이 시선을 돌린 사이 손수건으로 이마에 맺힌 땀을 닦는 히데코.

백작

(소리)

…まさに絶頂というとき、容赦なく朗読をお止めになった、
その瞬間、周囲が明るくなったので、
驚き、鳥肌が立って涙があふれました。

<u>....가히 절정이라 할 순간에 가차 없이 낭독을 마치시자,</u>
<u>그 순간 세상이 밝아지면서 소스라쳐 그만 소름이 돋고</u>
<u>눈물이 솟았습니다.</u>

너스레 떠는 백작을 차갑게 보는 히데코, 갑갑하다는 듯 땀에 젖은 옷의
깃을 잡아당겨 몸에서 떼어낸다.

114. 히데코 방 (새벽)

히데코 옷의 앞섶을 푸는 숙희, 하얀 가슴이 드러나자 한숨 쉰다.

숙희

아....진짜 귀여워요, 백작님이 이걸 보시면....

히데코의 젖꼭지를 만지작거리더니 참을 수 없다는 듯 입을 대는 숙희.
히데코, 몸을 뒤틀며 발끝에 힘을 준다.

히데코

그분이 정말 이렇게 살살 해주실까?

숙희

(히데코의 다리 사이에 손을 넣으며)

그럼요, 그리고 또 백작님은 이렇게....이렇게....

히데코

(숙희의 옷을 거칠게 벗기더니 그녀의 어깨를 깨물며)

아....타마코....계속해줘, 백작님처럼....

숙희

(히데코의 다리 사이를 어루만지며)

백작님은.... 백작님은....무척이나 요걸 좋아하실 거예요....

그리고 이렇게 말씀하실 거예요,

「ああ…とても柔らかく温かく、ぐっしょり濡れて……

"아....정말 부드럽고 따뜻하고 촉촉하고....

(내려가 히데코 다리 사이를 들여다보며)

…ひ、ひ、秀でたお美しさでございます！」

....타, 타, 탁월하게 아름다우십니다!"

히데코

뭐....뭐, 하는 거야....미쳤니? 백작님이 정말 그런다고?

숙희의 입이 은밀한 곳에 닿자 히데코 몸이 활처럼 휜다. 애무가 시작되자 엉덩이를 들었다 내렸다 어쩔 줄 몰라 하는 히데코.

숙희

....더....가르쳐....드릴까요....아가씨?

히데코

응, 응....해줘....다- 가르쳐줘....

히데코의 시점 - 자기 다리 사이에 엎드린 숙희가 엉덩이를 치켜든 모습.

상체를 일으켜 앉는 히데코, 팔을 뻗어 숙희의 엉덩이를 끌어당긴다. 히데코 시키는 대로 몸을 움직이자 둘은 모로 누운 채 마주하게 된다. 물론 방향이 반대라, 서로의 다리 사이에 머리를 넣고 해주는 애무가 가능하다.

잠시 후 - 침대 모서리에 앉는 히데코, 숙희를 허벅지 위에 앉힌다. 실감을 얻으려는 듯 손으로 숙희의 등이며 어깨며 엉덩이며 싹싹 쓸어보는 히데코.

히데코
아- 넌 누구니....누구야....

내려다보면서 히데코 뺨을 양손으로 어루만지고 비비고 꼬집어보는 숙희. 한 손을 다리 사이에 넣어 숙희의 아랫도리를 만지면서 입으로는 숙희의 젖꼭지를 빠는 히데코. 그녀의 머리를 감싸안고 아기 다루듯이 쓰다듬는 숙희.

숙희
저도 젖이 나와서 아가씨를 먹일 수 있으면 얼마나 좋을까요....

히데코
(잠깐 입을 떼고 올려다보며)
내가 이렇게 해주면 좋아?
(고개 끄덕이는 숙희)
내가 좋아?
(더 열심히 끄덕이는 숙희)
약속할 수 있어? 나 안 버린다고?

숙희
저는....아가씨를....아가씨를....절대로....

히데코
(눈을 똑바로 보며)

....절대로?

숙희

(눈 감으며)
절대로....버리지 않을래요.

이제야 만족하는 히데코, 몸을 일으키더니 숙희를 리드해 자세를 바꾼
다. 독회에서 읽었던 '두 가위' 체위. 히데코의 대담성에 놀라는 숙희.
엇갈리게 누워 가랑이를 마주 대는 둘, 점점 더 빨리 몸을 움직이며 절정
을 향해 간다.

숙희

아가씨....아....어쩌면 이렇게....아무 것도 모르시면서...
타고나셨나 봐요....

1부의 같은 장면과는 달리, 전신 쇼트들이 포함된다.

115. 응접실 (낮)

나란히 앉은 히데코와 백작, 숙희를 모델 삼아 그림 그린다. 숙희와 하
나도 닮지 않은 히데코의 스케치와는 달리, 백작의 채색 초상화는 놀랍
도록 생생하게 모델을 재현하고 있다. 다만 아주 작은 타원형의 그림이
다. 나중에 히데코의 엄마 초상을 대신해서 로켓에 들어가야 하기 때문
이다.
히데코 바로 뒤로 의자를 옮겨 앉는 백작. 바로 코 밑에 오는 히데코의
머리, 백작의 가슴에 닿는 히데코의 등. 어깨부터 쭉 히데코의 몸에 밀
착시켜 그녀의 연필 쥔 손을 잡는 백작, 팔을 움직이면서 상대의 반응을
유도한다.
발개진 얼굴로 필사적으로 글씨쓰기에 몰두하는 숙희. 그림에 엉망으
로 선을 긋는 두 사람. 히데코, 숙희 얼굴에 죽죽 그어지는 연필선을 바

라본다. 다른 손으로 히데코의 허리를 감는 백작. 숙희의 얼굴을 지워 버리려는 듯 더 열심히 팔을 움직이는 히데코. 그 행동을 자기에 대한 도발로 받아들인 듯 옷 속으로 손을 넣으며 히데코의 귓불을 살짝 깨무는 백작. 분노와 슬픔을 참는 히데코, 억지로 외면하고 있는 숙희의 옆얼굴을 본다.

어느새 연필로 새까맣게 덮인 그림 속 숙희 얼굴. 백작의 혀에 귀를 맡긴 채 울상이 되는 히데코, 폭발 직전이다.

116. 후원 (낮)

나무 뒤에 숨어 엿보는 시점 - 어두운 구석에서 거칠게 숙희의 어깨를 잡아 흔드는 백작, 으르렁댄다.

백작

섭지도 못하고 뱉었잖아, 너 때문에!

(어린아이처럼 발까지 동동 구르며)

다 익었는데, 다 익었는데!

117. 응접실 (낮)

연필을 던지는 히데코.

히데코

やめて！できないわ。

<u>그만, 그만요! 못하겠어요.</u>

그 소리에, 못 참고 돌아보면서 벌떡 일어서는 숙희.

118. 후원 (낮)

나무 뒤에 몸을 숨기고 훔쳐보는 히데코, 조마조마한 표정으로 숙희의
행동을 주시한다.

숙희
(소리)

....그렇게 몰아붙이지 말라고, 천지간에 아무도 없는 애야.
그러다 겁먹으면 조갑지 오므라들 듯이 맘을 꼭 닫아버릴걸?
그리고 부탁인데, 다시는 그 아기 장난감 같은 좆대가리에
내 손 갖다 대지 말아줘!

웃을 상황이 아닌데도 어쩔 수 없이 픽 웃는 히데코, 발소리가 들리자 급
히 어둠 속에 숨는다. 숙희가 저벅저벅 앞을 지나간다. 혼자 남은 백작
이 식식대는 소리 들린다.
잠시 후 나서는 히데코, 백작 앞으로 걸어와 숙희 섰던 자리에 선다. 백
작, 숙희가 간 방향을 손가락질하며 –

백작

아가씨가 이 결혼을 원한다는 인상을 주지 않으면
쟤, 언제 또 못하겠다고 나자빠질지 모른다고요....
아가씨가 날 사랑하는 시늉을 실감 있게 잘해야 돼요!

히데코
못하겠어요.

백작
(귀를 의심하며)
예?

히데코

관두고 싶다고요.

백작

(헛웃음 치며)

하아- 다들 오늘 무슨....

(풀리려는 무릎에 힘주고 침착하려고 노력하며)

....왜요?

히데코

다 미워요....엄마, 아빠, 이모, 이모부, 당신, 그리고....

백작

그리고?

히데코

숙희도 꼴 보기 싫어요.

백작

(이제야 알았다는 듯)

걔가 불쌍해서 이러는군요?

(하늘 보고 혼잣말)

하아- 여자들은 도대체 왜 이럴까....?

(다시 히데코를 향해, 한 마디 한 마디 또박또박)

숙희가요....그 불쌍한 숙희가 말이에요,

당신님을 두고 뭐랬는지 알아요?

젖꼭지를 잡아당겨도 뭘 하자는지 모를 숙맥이라던데요?

가련해서 몇 번 잘해줬더니, 그냥 질질 싸더라고....

갖고 놀기 너무 쉽다고!

잘 한번 생각해봐요....걔가, 그 어리숙한 종년의 얼굴을 하고....

의사들한테, "우리 아가씨는 미쳤답니다" 하고 말하지 않을 것 같아요?

입 꼭 다문 히데코, 눈이 이글이글 타오른다.

119. 히데코 방 (밤)

히데코
(부들부들 떨며)
내가 사랑이 아니라고 해도....그분이 아니라 딴 사람을
사랑한다고 해도....
넌 내가....천지간에 아무도 없는 내가, 꼭 그분하고 결혼했으면 좋겠어?

노려보며 원하는 답을 애타게 기다리는 히데코의 눈에 물기가 차오른다. 숙희, 히데코의 발을 잡고 막 주무른다.

숙희
네....사랑하게 되실 거예요.

눈에서 불꽃이 튀는가 싶더니 숙희의 뺨을 때리는 히데코. 찰싹, 찰싹, 찰싹, 찰싹.

잠시 후 -
히데코, 숙희를 일으켜 세우더니 밀어붙여 방에 밀어넣고 문 쾅 닫는다. 도기인형으로 벽을 쳐 부숴버리는 히데코, 식식거리면서 옷장 문을 열고 모자상자들을 뒤진다. 숙희 방에서 흐느끼는 소리 흘러나온다.

120. 계단 (밤)

등롱 들고 옆구리에는 모자상자를 끼고 조용히 뛰어 내려가는 히데코. 벽에 그림자가 커다랗게 일렁인다.

히데코

生まれてこなかったら、よかったのに。
태어나지 않았으면 좋았을 텐데.

121. 히데코 방 (밤)

고요한 실내. 삐걱- 문 열고 나오는 숙희, 두리번거리며 히데코를 찾는다. 산산조각 난 인형을 발견한다.

122. 후원 (밤)

열린 채 잔디밭에 뒹구는 모자상자. 히데코의 손, 벚나무 가지에 밧줄을 묶는다. 화면 넓어지면 우리는 밧줄의 다른 끝이 이미 그녀 목에 걸려 있다는 것을 알게 된다. 가지를 두 손으로 단단히 잡는 히데코.

히데코

生まれてこなかったら、よかったのに。
태어나지 않았으면 좋았을 텐데.

몸을 날린다. 두 팔로 가지에 대롱대롱 매달린다. 눈 꼭 감고 입 꽉 악물더니 결심을 마친 듯 가지 잡은 손을 놓는다. 떨어져 내리며 밧줄이 목을 조이는가 싶었는데, 어디에 걸린 것처럼 허공에 멈춰버리는 히데코의 몸. 놀란 눈을 동그랗게 뜨고 내려다본다. 숙희가 뒤에 서서 히데코의 다리를 안아 붙잡았다, 눈물 글썽한 눈으로 올려다보며.

히데코

놔.

숙희

아가씨....제가 잘못했어요....

히데코

뇨.

숙희

잘못했어요, 아가씨....죽지 마세요....제가 잘못했어요.

히데코

....뭘 잘못했는데?

숙희

(우왕 울음 터뜨리며)
아가씨를 꼬여서 그 나쁜 새끼하고 결혼시키려고 했어요....
정신병원에 처넣고 도망가려고 했고....죽지 마세요....결혼하지 마세요,
아가씨....

히데코

(차분하게)
숙희야....내가 걱정돼?
(고개 끄덕이는 숙희)
나는 네가 걱정돼.

뭔 소린가, 어리둥절한 숙희, 울음 멈추고 귀 기울인다. 그러다 한 순간
충격적인 깨달음을 얻고 사색이 되는 숙희.

숙희

제 이름....어떻게 아셨어요?

히데코

넌....네가 날 속여먹은 줄 알지?
속은 건 너야....정신병원엔 '네가' 들어가는 거라고.

내 이름으로 널 거기 가둬놓고 난 네가 되어서 멀리 달아나려고 했어,
그 새끼하고.
(이해해 보려고 노력하는 숙희)
....미안해하진 않을게, 너도 날 등쳐먹으려고 했으니까.

지난 시간을 반추하는 듯 가만히 서서 생각에 잠기는 숙희, 위태로운 자
세로 얌전히 기다리는 히데코.
숙희, 마침내 사태를 파악했는지 이를 갈며 -

숙희
이런....나쁜 새끼!

양손으로 머리를 감싸고 분노에 몸부림치는 숙희. 대롱대롱 매달린 히
데코, 손으로 밧줄을 잡고 아아악- 버둥댄다.

123. 히데코 방 (밤)

골똘한 얼굴로 펜촉을 놀리는 숙희. 히데코가 달필로 미리 써놓은 편지
를 삐뚤빼뚤 베껴 적는다. 지켜보는 히데코.

숙희
복순 아줌마, 두루 안녕하신지요....저 숙희입니다.
보고픈 마음이야 한정 없지만 이만 줄이고....
오늘은 사업상 어려운 부탁을 드리고자 몇 자 적습니다.
혹시 제 이야기가 진짜가 아니라고 생각하실지 몰라
진짜 물건을 동봉하오니....

책상에 놓인 금팔찌를 들어 흔들어 보이는 히데코. 숙희, 받아들더니 깨
물어본다.

124. 코우즈키 저택 앞 (낮)

자동차에서 모자챙을 들어 인사하는 백작 너머로, 현관 앞에 선 히데코와 코우즈키. 그 뒤에 선 사사키 부인과 집사와 하인들 사이로 숙희 모습도 보인다. 차가 출발한다. 곧바로 다음 차가 들어와 서자 코우즈키와 집사가 탄다. 이모부가 손짓하자 조르르 달려가 앞에 서는 히데코. 귀에 대고 속삭이는 코우즈키.

코우즈키
七日間、自由になるが、
地下室のことは、いっときも忘れるんじゃないぞ。
<u>이레 동안의 자유를 얻었지만 언제나 지하실을 생각하렴.</u>

겁먹은 히데코의 눈동자.
진입로를 빠져나가는 코우즈키의 자동차.
하녀들 사이의 숙희를 바라보는 히데코. 하인들, 각자 일을 찾아 떠나고 북적이던 현관에 둘만 남는다.

히데코
나하고 좋은 데 갈래?

125. 후원 (밤)

소리 없이 후원을 가로지르는 그림자 둘.

126. 서재 (밤)

달빛을 받으며 대가리를 쳐든 도기 뱀. 성큼성큼 들어서는 히데코. 주눅 든 얼굴로 조용히 문 닫고 들어오는 숙희. 가운데 서서 책장을 쭉 일별하는 히데코. 두리번두리번 살금살금 걸어오다가 멈칫 서는 숙희, 뱀이 만든 선을 폴짝 뛰어넘는다. 히데코, 책 한 권을 꺼내들더니 숙희에게 내민다. 당황하는 숙희, 소곤댄다.

숙희

일본글은 안 가르쳐주셨잖아요.

말없이 기다리는 히데코. 하는 수 없이 한 페이지 한 페이지 넘기는 숙희, 백작이 복원한 삽화를 발견한다.
엉덩이를 내놓고 엎드린 게이샤의 뒤에서 사무라이가 삽입하는 장면.
돌아보는 여인의 얼굴은, 영락없는 히데코다.
숨이 거칠어지는 숙희, 히데코를 본다.

숙희

백작, 그 개새끼가 그렸어요, 이거?
(끄덕이는 히데코.
한 페이지 넘기는 숙희, 읽지도 못하는 글자들을 뚫어지게 들여다보며)
....그동안....이딴 걸 읽어줬던 거예요, 그 더러운 늙은이하고 그,
그....남자 놈들한테?

대답 대신 눈물만 주르르 흘러내린다. 책장을 움켜쥐는 숙희, 반사적으로 말리려드는 히데코의 손길을 뿌리치고 거칠게 찢어버린다. 다른 책도 뽑아 본다. 여기저기 춘화들을 찾아낸다. 돌아보자 히데코, 웃으며 고개 끄덕인다. 책장을 마구 찢어낸다. 떨면서 지켜보는 히데코. 이 책 저 책 꺼내 마구 찢어대느라 얼굴이 붉어지고 숨이 가빠지는 숙희. 광기로 번들거리는 숙희의 눈동자.

히데코

泥棒、スリ、詐欺師……
도둑, 소매치기, 사기꾼....
(여러 페이지를 한꺼번에 찢느라 힘들어하는 숙희,
품에서 은장도를 꺼낸다)

私の人生を台無しにするために現れた、私の救世主……
내 인생을 망치러 온, 나의 구원자....
(잘 벼려진 날로 한 번에 수십 페이지씩 잘라내는 은장도.
동양과 서양의 책들, 글씨가 써진 페이지, 그림이 그려진 페이지들이
바닥에 떨어져 쌓인다)
ナム・スッキ…私の友。
남숙희....내 동무.

아예 책장을 쓰러뜨리는 숙희. 책들을 쌓아놓고 칼로 X자 모양을 북북
긋는다. 코우즈키 책상에서 잉크를 가져다 끼얹는다. 완전히 매혹되어
멍하니 숙희를 바라보는 히데코. 숙희의 얼굴은 땀으로, 히데코 얼굴은
눈물로 뒤덮였다. 코우즈키의 책상에서 쇠자를 뽑아드는 숙희, 골프채
처럼 휘둘러 뱀대가리를 박살낸다.

127. 산중의 료칸 (아침)

엉망이 된 이부자리에 헝클어진 머리로 멍하니 앉았던 히데코, 돌아본
다. 반가워 웃는 숙희. 히데코 얼굴에도 화색이 돈다. 재빨리 달려와 입
맞춤하는 히데코. 매달리려는 히데코를 애써 밀어내고 문 닫는 숙희.
혼자 남은 히데코, 백작에게 성내는 숙희의 목소리를 들으며 흐뭇해한
다.

숙희

(소리)

이렇게 모질 수가 있냐?
꽃을 뽑아왔으면 새 땅에 심어줘야 할 거 아냐!

백작

(소리)

어쩌란 거야?

숙희

(소리)

병원에 빨리 안 처넣고 뭐하는 거냐고!

128. 정신병원 앞 (낮)

숙희, 간호사들이 다가와 팔을 잡자 확 뿌리친다.

숙희

違います。伯爵夫人はあの方ですってば、
伯爵様、言ってやってください！
사람 잘못 보셨어요, 백작부인은 저 분이라고요.
백작님, 말해줘요!

숙희를 지켜보는 히데코와 백작, 이 두 구경꾼의 얼굴만 오래 지켜보는 카메라. 숙희가 의료진과 실랑이하는 소리가 들린다. 잔뜩 긴장한 백작에 비해 오히려 차분한 히데코, 심지어 가끔 웃음을 참기도 한다.

의사2

(소리)

まだ自分のことを朝鮮人の侍女だと思っているんですね。
아직도 자기를 조선인 하녀라고 생각하고 있군요?

백작

朝鮮人の乳母の手で、長いこと育てられたものですから……
조선인 유모 손에 오래 자란 탓에....

숙희

(소리. 울부짖으며)

このやろう！

ふざけんな！ このあばずれども！ うわあー！

이 나쁜 새끼!

이런 망할! 이런 더러운 년들! 으아-!

의사2

(소리)

ここでは、そのような言葉、お使いになってはなりません、奥様。

여기선 그런 말 쓰시면 안 됩니다, 부인.

숙희

(소리)

아가씨!

차례가 되자 눈물을 끌어올리는 히데코, 본격적인 연기를 펼치기 시작한다.

히데코

おらの憐れなお嬢様が…狂ってしまっただ……

불쌍한 우리 아가씨....완전히 돌아버리셨슈...

(로켓을 내밀며)

役に立づんじゃねえかと思って…大事にされでいだ、

おっかさまの形見の品なんだけんど、正気だった時の……

혹시 도움이 될랑가....젤로 소중히 하시던 어머니 유품이구먼유,

제정신이셨을 적에....

의사1

(소리)

侍女はこんなにも思慮深いのに……

하녀는 이리도 사려 깊건만....

158

발버둥치며 멀어지는 숙희를 바라보며 눈물 글썽이는 히데코. 그녀의
뒷모습을 감탄하듯 바라보는 백작.
숙희 끌려가고 고요해진 병원 후원, 백작과 히데코만 남았다. 잠시 어색
한 침묵 후 장갑을 꺼내는 히데코의 뒷모습. 백작을 돌아보는 히데코,
장갑을 끼면서 담담하게 -

히데코
배고파요.

빠르게 페이드아웃해서 검어진 화면에 떠오르는 글자 - '第三部'.

129. [평화호텔] 양식당 (저녁)

품위 있는 프랑스풍 식당. 양갈비의 마지막 한 점을 입에 넣는 히데코,
우아하게 씹으면서 백작의 회고를 듣는다.

백작
....첫 달엔 몸에 딱 붙는 헤링본 양복을 맞춰 입었고,
다음 달엔 그걸 입고
[제국호텔] 양식당에 가지 않았겠어요? 식민지에서 온
매음굴 호객꾼이 말이에요!
창녀집에 드나들던 영국인들이 날 알아봤어요, 되게 비웃고
지배인 불러서 쫓아낼 줄 알았더니, 웬걸? 내가 품위 있는 한 끼 식사에
한 달 봉급을 몽땅 털어넣는 걸 보더니 재미있어하더라고요?
그 양반들이 날 '백작'이라고 부르기 시작했어요, 그에 걸맞는
매너를 가르쳐줬고요.
사실 난 돈 자체에는 관심이 없어요.
내가 탐하는 건, 뭐랄까....가격을 보지 않고 포도주를 주문하는 태도?
그 비슷한 어떤 거예요.

디저트와 디저트 와인이 도착한다. 웨이터가 사라지기를 기다려 히데
코 앞에 사진 뭉치를 놓는 백작. 한 장씩 넘겨보는 히데코. 전원을 배경
으로 선 아름다운 양식 저택과 그 내부가 보인다.

백작

블라디보스토크에서 기차로 열 네 시간....
진짜 러시아 귀족의 여름별장이에요, 가구도 다 딸려 있어요.
발목까지 푹푹 빠지는 양탄자하고요.
(히데코가 사진 다 보기를 기다리는 동안 새로 온 와인을 입에 넣고
이리저리 굴리면서 음미하는 백작, 꿀꺽 삼키더니
대수롭지 않은 일을 언급하듯)
....결혼할까요, 여기서?

130. 정신병원 식당 (저녁)

주먹밥과 멀건 미소국이 담긴 식판. 거친 감으로 지은 헐렁한 환자복을
걸친 숙희, 스무 명쯤 되는 여환자들과 줄을 지어 배식을 받는다. 모두
산발했고, 양발에는 족쇄를 찼다. 그 머리에 나비 모양 머리핀을 억지로
꽂아 더 정신병자 같아 보이는 숙희, 자리로 간다. 흰 벽을 마주보면서,
밥을 우겨넣고 기계적으로 씹는다.

백작

(소리)

얼마 안 있으면 병원에서 연락이 와요.
내 아내, 후지와라 히데코가 죽었다고.

맛이 이상한지 내려다보는 숙희, 한 입 베어 문 주먹밥 중심에 바퀴벌레
몸통이 반 토막 들었다.

131. [평화호텔] 양식당 (저녁)

히데코

아하- 그냥 가둬달라고만 했던 게 아닌가 보죠?

타르트에 얹힌 산딸기를 손가락으로 집어 입에 넣고 천천히 씹으면서
답을 기다리는 히데코. 백작, 뻔뻔하게-

백작

뭐....숙희 입장에서도, 그런 데서 오래 살면 뭐하겠습니까.

132. 정신병원 식당 (저녁)

바퀴벌레 주먹밥을 쥐고 껄껄 웃는 숙희, 이 장소에 아주 어울려 보인다.

히데코

(소리)

나쁜 새끼....

133. [평화호텔] 양식당 (저녁)

백작

제가 나쁜 새끼가 아니라고 한 적이 한 번이라도 있었나요, 동업자
양반?

(여권 하나를 꺼내 밀어놓자 집어드는 히데코, 숙희 여권이다)

아가씨는 이제 도둑의 딸, 남숙희로 바뀔 거예요.

아가씨 사진을 새로 찍어서 여기 붙일 테니까요.

문서위조가 내 전공인 거 알죠? 작업할 사진관도 다 섭외해 놨어요.

자, 내일 우리가 숙희를 새로 태어나게 만드는 겁니다.

히데코

기쁘네요.

백작

저와 다시 결혼해 주십시오, 이번에는 '남숙희'로서.

히데코

왜요? 초야를 두 번 치르고 싶어서요?

백작

(대단한 농담이라도 들은 양 껄껄 웃고)

저한테, 진실을 말하는 것처럼 어려운 노릇은 없습니다....

아무도 안 믿더라고요?

(웃음기를 지우더니, 꼭 이런 말까지 해야 되겠냐는 듯 곤란한 표정으로)

아가씨를 약간....좋아하는 것 같아요.

(방금 한 말이 수치스럽다는 양)

어때요, 믿어지나요?

백작의 감정 충만한 눈과 취약한 표정을 바라보며 상황을 음미하는 잠깐의 침묵 후 히데코, 아름답게 미소 짓는다. 백작, 따라 웃으며 담배를 문다.

히데코

우리 숙희, 혼자 집 떠나 그런 데서....참 불쌍하다....
고, 한 번이라도 생각해본 적 있나요?

백작

아니요, 하나도 안 불쌍한데요? 저희 동네에선 순진한 건
불법이거든요.

히데코

동업자를 사랑하는 건 순진한 게 아닌가요, 그 동네서?

백작

물론 순진한 거죠....불법이에요, 불법.
그러니까, 내가 아가씨 사랑하다가 무슨 비참한 꼴을 당한대도
날 불쌍히 여기지 마세요.

히데코

사랑?
(자애로운 표정으로)
사기꾼이 사랑을 아나요?

백작, 히데코에게 바로 가지 않도록 턱을 약간 들어 위를 향해 담배 연기를 뿜는 매너를 잊지 않는다.

134. 정신병원 식당 (저녁)

뿌연 연기가 낀다. 간호사들이 두리번거리고, 환자들은 저희끼리 웅성거린다. 간호사 하나가 출입구 문틈으로 연기가 들어온다는 것을 알고 달려가 열어젖힌다. 기다렸다는 듯이 시커먼 연기가 구름처럼 밀려든다. 벌떡 일어나는 사람들, 비명 지르는 환자. 어디선가 사이렌이 요란하게 울리기 시작, 온통 난장판이다. 주방으로 통하는 다른 문을 열고 사람 셋이 들이닥친다. 각각 양동이를 들고 방독면 쓴 한 남자 의사와 두 여간호사, 환자들에게 외친다.

방독면 의사-구가이

こここ…こ、こっちに！
이이이....이, 이쪽으로!

환자들이 족쇄를 쩔렁이며 주방으로 몰려드는 사이 방독면 쓴 사람들은 숙희에게 가서, 준비해온 새 방독면을 씌운다. 기다리고 있던 듯 차분한 숙희의 어깨에, 잘게 쪼갠 대나무를 도롱이 모양으로 엮은 일종의 방화복을 걸쳐준다. 자기들도 일제히 방화복을 입은 다음, 양동이에 든 물을 서로의 몸에 부어준다. 그동안 숙희는 나비 모양 머리핀을 뽑아 족쇄의 자물쇠를 금방 열어버린다.

복순-간호사가 손짓하자 일행, 연기 몰려드는 출입구로 나간다. 연기가 네 사람의 뒷모습을 삼킨다.

135. [평화호텔] 히데코의 객실 (밤)

와인이 출렁이는 유리잔의 클로즈업.
백작이 준 유리병을 꺼내는 히데코, 병째로 와인 잔에 털어 넣으려고 기울인다. 동작 멈추는 히데코, 고민에 빠진다.

136. 백작의 객실 (밤)

침대에 가지런히 놓인 여권 두 개, 배표, 기차표. 셔츠 윗단추 풀고 소매도 걷은 차림으로 짐 싸는 백작, 노크 소리에 돌아본다. 유카타 입은 히데코가 문을 연다, 와인 잔 두 개를 들었다. 놀라 벌떡 일어서는 백작, 한 잔을 받아든다.

히데코
당신이 나를 원해주었기 때문에, 그 모든 어려움을 뚫고
나한테 왔기 때문에
내가 새로 태어나게 된 건 맞아요.
(백작에게 가까이 다가와 잔을 들면서)
그것에 감사해요.
(쨍, 잔을 부딪는 두 사람)
입맞춤을 허락하겠어요.

한 모금 마시는 히데코를 물끄러미 바라보던 백작, 입도 안 댄 잔을 내려
놓는다.

백작

싫은데요.

히데코

(당황한 마음을 감추며)

왜요?

백작

(가까이 다가가며)

조건 붙은 키스는 싫거든요....중간에 멈추는 법을 통 못 배워서요.

(너무 가까워져서 당장이라도 키스할 것 같다.

히데코 입술에 손가락을 대는 백작)

여기서 시작해서 배꼽 아래까지 파고들 거예요, 뜨겁게.

히데코

(두려운 듯 또 한 모금 마시고)

그렇게 해주세요.

백작

(히데코 눈을 들여다보더니 한 걸음 물러서며)

원하는 사람의 눈빛이 아니네요....알잖아요, 이런 문제에서
날 속일 순 없어요.

히데코

十分間、私をあなたのものにできるなら、何をくださいますか。
나를 십 분간 당신의 것으로 해준다면 무엇을 주겠어요?

백작

あなたが望むものなら何なりと、
この世に存在するものなら何なりと。
당신이 원하는 것은 무엇이든, 이 세상에 존재하는 것은 무엇이든.

눈 감고 기다리는 히데코를 뚫어지게 바라보더니 조용히 다가서서 입술을 포개는 백작, 그렇게 오래 머문다. 히데코, 작게 한숨 쉰다. 백작, 히데코를 살펴본다. 조용히 눈 뜨는 히데코, 뜨거운 눈빛을 연기한다. 남은 와인을 단번에 마셔버리는 히데코. 술 생각이 없는 백작, 히데코의 목부터 어깨까지 쓸어내리며 입맞춤한다.

백작

가르쳐주고 싶은 게 많아요, 아가씨는 완전히 다른 여자가 될 거예요.

히데코, 묶은 머리를 풀며 백작의 목을 감싸 안는다. 관자놀이, 이마, 어깨, 가슴....옷을 벗겨내면서, 생각할 수 있는 모든 곳을 어루만지고 키스하는 백작. 맞추어 유연하게 몸을 트는 여자, 구석구석 탐하다 여자의 입술을 찾는 남자. 백작의 잔까지 가져다가 마시는 히데코, 와인을 입에 머금은 채 키스한다. 자기 입으로 와인이 옮겨지자 쿡 웃는 백작. 입을 떼고 눈치를 살피는 히데코, 입 안에서 와인을 이리저리 굴리면서 음미하는 백작. 초조하게 지켜보는 히데코. 잠시 침묵 후, 보란 듯이 꿀꺽 삼키는 백작. 다급하게 또 한 모금 시도하는 히데코, 서두르다 조금 실수한다. 백작의 입에서 넘쳐나 뺨으로 한 줄기 흘러내리는 와인. 입술 뗄 때는 백작, 손등으로 훔친 다음 그것을 핥아먹는다. 마음을 놓고 또 한 모금 주는 히데코. 황홀한 듯 받아먹는 백작. 잔이 다 비워지도록 이루어지는 의식. 바닥에 뒹구는 책, 옷, 소지품들 사이에서 헤엄치듯 뒹굴면서 계속되는 입맞춤. 백작, 바지를 벗더니 히데코의 가랑이를 벌리려든다. 작게 비명 지르며 저항하는 히데코에게 완력을 써 꼼짝 못하게 만드는 백작.

백작

해치지 않아요, 책에서 많이 봤잖아요....

여자들은 사실, 억지로 하는 관계에서 극상의 쾌락을

맛보기 마련이에요.

자, 이제 속옷을 찢을게요....

말대로 행동하는 백작. 저항하던 히데코, 갑자기 눈을 뜨고 백작의 어깨 너머로 벽시계를 본다. 어느 순간부터인지 모르게 느려지기 시작하는 백작의 동작. 잠시 후 손놀림이 멎고 고개가 뚝 떨어진다. 힘겹게 백작의 몸 아래서 빠져나오는 히데코, 아랫도리 벗고 볼썽사납게 엎드린 백작의 어깨를 흔들어본다. 약한 숨소리만 들릴 뿐 인사불성이다. 겨우 안심한 히데코, 휘청거리며 걸어가서 여권 두 개와 배표, 기차표를 집어든다. 옷장에서 백작의 감색양복과 셔츠와 중절모를 챙기는 히데코, 마지막으로 침대 곁에 놓인 보스턴백까지 들고 나간다. 잠시 후, 불이 꺼진다.

잠시 후 –

바닥에 고개 박고 자던 백작, 눈 뜬다. 침을 닦으며 고개를 든다. 자기 앞에 정좌한 검은 기모노 차림의 두 사내를 발견한다. 무릎에 기대둔 일본도의 칼자루를 쥐는 두 사내. 백작, 껄껄껄 웃는다. 두 사내도 웃는다. 백작, 엎드린 채 주변을 둘러보더니 간밤에 벗어던졌던 바지를 가리키며 –

백작

それ、ちょっと取ってもらえませんか。

<u>저것 좀 집어주시겠습니까?</u>

137. 사진관 앞 (아침)

행인과 자동차로 북적이는 도시의 거리. 기모노 입고 보스턴백을 든 히데코가 잰걸음으로 와 사진관 간판 아래 선다. '금일 휴업'이라고 적힌 푯말은 무시하고 초인종을 누른다. 짧게 두 번, 길게 한 번. 초조하게 기다리며 두리번거린다. 문 열리더니 양장 입은 숙희가 톡 튀어나와 다짜고짜 히데코를 끌어안는다. 힐끔힐끔 보면서 지나가는 사람들은 아랑곳 않고 포옹한 채 안 떨어지는 히데코와 숙희. 안에서 [보영당] 식구들이 몰려나와 둘을 떠밀어 넣는다.

138. 해안도로 + 자동차 (낮)

처음 숙희가 왔던 그 길을 달리는 차 한 대.
자동차 뒷자리에 앉은 세 남자. 검은 기모노 사내들 사이에 백작, 양손과 양발이 각각 결박됐다. 안주머니에 손 넣는 백작. 반사적으로 칼 손잡이를 잡는 두 사내, 백작이 담배케이스를 꺼내자 긴장을 푼다. 케이스를 열자 파란 종이로 말아놓은 담배 둘, 흰 담배 세 개비가 남았다. 흰 담배를 몽땅 물고 불붙이는 백작. 사내들, 어이가 없어 마주본다. 굴뚝처럼 연기를 뿜어내는 백작, 순식간에 차내가 뿌옇게 된다. 동시에 손잡이를 돌려 창을 내리는 사내들.

히데코

尊敬する叔父様へ……
名古屋の伯爵の前で、完璧な日本語をお話になろうと、
貴族のような声の震えまでも研究されるお姿を
見るたびに……

존경하는 이모부께....나고야의 백작 앞에서 흠 하나 없는
일어를 선보인답시고
목소리의 귀족적인 떨림까지 연구하시는 모습을 옆에서
지켜볼 때마다....

139. 사진관 (낮)

- 백작의 양복을 고쳐 입은 히데코, 머리도 남자처럼 빗고 포마드를 발라 넘겼다. 숙희가 지켜보는 가운데 사진관 주인이 플래시를 터뜨리면서 셔터를 누른다.

- 암실. 붉은 빛 아래 인화지에, 남장한 히데코의 얼굴 이미지가 떠오른다.

- 연장을 써서 작업하는 구가이. 젖은 히데코 사진의 표면을, 빛이 비칠 만큼 아주 얇게 벗겨낸다. 백작 여권의 백작 사진 위에 붙이고 솜으로 두드린다. 스탬프 자국의 요철이 히데코 사진에 그대로 새겨진다.

- 보스턴백에서 돈다발을 하나씩 꺼내 히데코에게 넘겨주는 숙희. 히데코 앞에 한 줄로 서서 차례로 돈 받는 [보영당] 식구들과 사진관 주인.

히데코

…私の胸はどんなに痛んだことでしょう。
ですから、もうそんな必要がないことをお伝えできて嬉しいわ。
…あの人、濟州道の賤民の息子なのですから。
それから、私の贈り物はお受け取りになりましたか。
その贈り物に朝鮮語でお伝えくださいませ。
....제 맘이 얼마나 짠했는지 모릅니다.
그래서 이제 그러실 필요가 없다는 소식을 전할 수 있게 되어서
참 기뻐요
....그 사람, 제주도 머슴의 자식이거든요.
참, 제 선물은 잘 받으셨겠지요? 제 선물한테 조선말로
좀 전해주시겠어요?
미안하지만 현실세계엔, '억지로 하는 관계에서 쾌락을 느끼는'
여자는 없다고.
그리고....

140. 코우즈키 저택 서재 지하실 (낮)

편지 들고 소리 내 읽는 코우즈키 얼굴. 입모양에 정확히 맞춰 히데코 음성.

히데코
....세상에 많고 많은 계집애 중에 하필이면 숙희를 보내줘서
'약간' 고맙다고.

편지를 내려놓는 코우즈키, 그새 완전히 폐인이 되었다. 머리는 산발에 수염도 안 다듬어 덥수룩, 맨 다리와 맨 가슴이 다 드러난 더럽고 구깃구 깃한 유카타 차림. 책상 끝에는 종이 자르는 작두가 달렸고 판 위에 백 작의 왼손 새끼손가락이 놓였다. 팬티만 입은 백작, 딱딱한 의자에 사지 가 묶인 채 앉았다.

코우즈키
내가 수집한 제책도구들 보고 싶댔지?
보지만 말고, 어디 몸소 한번 겪어보시게.
내가 제일 아끼는....아니, 아꼈던....책 다섯 권만 골라봄세....
가만있자....
우선.... 『鞭は語る』
[채찍은 말한다].

작두 손잡이를 꽉 누르는 코우즈키. 우지끈 뼈 부러지는 소리. 악착같 이 비명을 참는 백작, 떨리는 눈꺼풀을 겨우 올리더니 자기의 약지를 노 리며 다시 올라가는 작두날은 안 보고 주위를 둘러본다.

코우즈키
··· 『とかげの皮』
...[도마뱀가죽].

작두 손잡이를 꽉 누르는 코우즈키. 우지끈 소리. 이를 악무는 백작, 고
개를 들더니 또 두리번거린다.
백작의 정신이 이상해졌나 싶어 살펴보는 코우즈키. 잠시 후, 어김없이
중지를 노리며 올라가는 작두날.

코우즈키
… 『百合の谷』
....[백합골짜기].

우지끈, 더 이상은 못 참고 비명 지르는 백작. 만족스러워 미소 짓는 코
우즈키. 백작, 겨우 한다는 소리가 –

백작
담배 좀 피우게 해주십시오, 선생....

코우즈키
… 『堕落した下着売り』
....[타락한 속옷 판매인들].
(우지끈 검지 잘리는 소리, 백작 비명)
… 『葬儀屋の寝床』
....[장의사의 침실].

우지끈과 아아악! 숨을 헐떡이며 축 늘어지는 백작.
이마의 땀을 훔치는 코우즈키, 나무자로 밀어 다섯 개 손가락을 양동이
에 떨군다.

코우즈키
쯔쯧, 어쩌다 그 어린년한테 당했나 그래....하지만 걱정 마,
곧 잡아줄 테니까.
그 두 년 가죽으로 장정을 해서 너까지 셋을 책장에 나란히 꽂아줄게.

(나사를 돌려 종이 더미에 구멍 뚫는 기구를 꺼내오며)
젊은 게집 둘이선 절대 고베를 떠날 수 없도록 해뒀거든.

오른손을 기구 가운데 끼워 고정시키고 손잡이를 돌려 나사를 내리기 시작한다. 공포스러운 눈으로 바라보는 백작.

141. 항만 매표소 (낮)

늦은 오후의 햇살이 실내 깊숙이 들어왔다. 중절모 쓰고 색안경까지 쓴 히데코와, 히데코의 우아한 양장을 고쳐 입은 숙희가 팔짱 끼고 의젓하게 창구로 걸어온다. 긴 칼을 찬 낭인들이 둘씩 짝을 지어 돌아다니며, 날카로운 눈으로 사람들을 살피다가 젊은 여자 둘이라면 무조건 붙잡고 여권을 확인한다. 숙희가 매표직원에게 표를 내민다.

숙희

換えてください、上海行きに。

바꿔주세요, 상해 행으로요.

직원

(확인하라는 뜻으로)

ウラジオストック二枚を上海二枚に交換ですね。

블라디보스토크 두 장을 상해 두 장으로 바꾸십니다.

숙희

はい、そうです。

예, 맞아요.

직원

旅券をください。

여권 주십시오.

(두 개의 여권을 내미는 숙희. 직원, 확인하느라 고개 빼고)

ナム・スッキ様?

남숙희님?

(숙희의 얼굴 확인하더니 다음 여권을 펼쳐들고 히데코에게)

キム・パンドル様?

김판돌님?

(고개 끄덕이는 히데코를 흘끗 보더니 얼굴 찌푸리며 생각하는 직원.
긴장하는 숙희와 히데코)

…あと3円出してください。

….3엔 더 내셔야 합니다.

여권 돌려받는 숙희, 댕기머리 하고 찍힌 제 증명사진을 본다. 지금보다
어리고 미련해 보인다.

142. 코우즈키 저택 서재 지하실 (저녁)

온 몸이 땀투성이가 된 백작, 낮은 신음 소리에 숨을 헐떡인다.
곰방대를 꺼내는 코우즈키, 새까만 혓바닥을 내밀고 엄지에 침을 발라
연초를 꾹꾹 눌러 담는다.

코우즈키
히데코는 내가 따먹지 않고 가지에 둔 복숭아야, 맛이 어떨지
상상하면서.
내가 언젠가는 그걸 따먹었겠나?
아니지....난 고작, 더러운 얘기를 좋아하는 노인일 뿐.
같은 이야기를 들어도 상상은 저마다 다르지 않나.
그 하나하나를 들여다보는 게 이 늙은이의 조촐한 도락이었는데....
이제 다 끝나버렸으니 자네라도 얘기를 들려줘야지.
(선반 위 - 절단된 남녀 성기가 담긴 알코올 병들을
뚫어지게 바라보는 백작,

미구에 제게 닥칠 일을 능히 짐작한다)

그래....히데코, 그 년 맛이 어떻던가? 어때, 잘 익었던가? 말해봐.

백작

(코우즈키가 뿜어내는 연기를 보면서, 비굴한 미소를 짓고)

한 대 피우면 생각이 날 듯도 한데요....?

코우즈키

참, 같잖은 시가렛 취미가 있었지?

백작의 재킷 주머니를 뒤져 담배케이스를 꺼내 연다. 두 개비 남은 파란 담배 중 하나를 입에 물리고 불까지 붙여준다. 오른손 결박도 풀어준다. 가운데 구멍이 뚫린 피투성이 손으로 담배를 잡고 빨아들이는 백작.

코우즈키

자....이제 말해봐, 히데코가 어땠냐니까?

눈을 감고 어찌나 깊이 빠는지 담배가 손가락 한 마디만큼이나 타들어 간다. 초조한 듯 연기를 뿜어내자마자 또 빨아들인다. 뻐끔뻐끔 연거푸 세 번 하더니 눈을 가늘게 뜨고, 퍼지는 연기를 따라 주위를 둘러본다.

백작

근데 여긴 창이 없네요?

143. 산중의 료칸 신방 (밤) - 회상

종이 바른 창으로 달빛이 들어온다. 요 위에 마주 앉은 백작과 히데코. 백작, 히데코의 허리띠를 풀며 속삭인다.

백작

숙희가 엿들을 수 있잖아요, 끝까지 최선을 다합시다.

촛불을 불어 끄는 히데코. 뭘 하려나 지켜보는 백작. 히데코, 스르륵 옷을 벗는다. 침을 꿀꺽 삼키는 백작. 완전히 나체가 되어 이불 속으로 들어가는 히데코, 장갑을 벗어 이불 밖으로 내놓는다.

144. 코우즈키 저택 서재 지하실 (저녁)

흥미진진한 이야기를 기다리며 조바심 내는 코우즈키.

코우즈키

....그래서?

그렇게만 해놓고 담배 한 모금. 뭉게뭉게 연기를 뿜고 입 다무는 백작, 눈까지 감는다. 기가 막히는 코우즈키.

코우즈키

何を黙ってるんだ… 뭐야… 말을 하다 말면 어떻게 해, 이 사람아....
그래서....어디부터 손대기 시작했나? 얼굴? 젖가슴?
아니면 곧바로 おまんこ? 보지?
부드럽던가, 조여오던가? 주름이 많이 잡혔던가? 충분히 젖었던가?
애액의 점도와 탁도는?

마지막까지 악착같이 피운 백작, 꽁초를 버린다. 백작을 물끄러미 바라보다 연기가 맵다는 듯 눈을 비비는 코우즈키, 자기 담뱃대를 한 모금 빨더니 기침한다. 혀가 마비되기 시작한 백작, 또박또박 말하려고 노력한다.

백작

정 그러시다면....한 대 더 부탁드립니다, 선생님.

145. 산중의 료칸 신방 (밤) - 회상

씬143 연결. 감격한 백작이 얼굴에 부드럽게 손을 대자 탁 쳐서 치우는 히데코. 당황하는 백작. 숙희의 은장도를 꺼내는 히데코, 칼을 뽑아 왼손에 쥔다. 오른손으로는 스스로의 몸을 어루만지기 시작한다. 눈 감고 자기 손길을 느낀다. 꼼짝없이 바라보는 백작. 점점 가빠지는 숨소리, 백작의 코밑에서 과장되게 움직이는 히데코의 몸. 귓가에 울리는 신음, 절정에 도달하고 있다. 흥분과 당혹감이 섞인 백작의 얼굴. 옆방에서 숙희가 부르는 노랫소리가 작게 들려온다. 히데코, 눈을 뜨더니 백작을 본다. 이불을 확 치우고 일어나 앉는다. 은장도 날을 손에 꽉 쥔 다음 손바닥을 그으며 빼내는 히데코. 찌푸려지는 백작의 얼굴. 하얀 요에 빨간 피를 확 뿌리는 히데코, 의기양양한 눈빛으로 백작을 본다. 그 일그러진 미소에 오히려 매혹된 백작.

백작

감히 말하건대, 그렇게 치열한 초야는 어떤 책에도 묘사된 적
없을 거예요....
아- 내 귀에는 나이팅게일의 노랫소리가 들리는 듯했죠, 그리고....
그녀의 몸에서 흘러내리던 선연한 진홍빛 피!
그렇게 아가씨는 아내가 되었죠.... 새침한가 하면,
한순간 그토록 대담해지는.

146. 코우즈키 저택 서재 지하실 (저녁)

지그시 눈 감은 백작, 생각만 해도 좋은지 빙그레 웃는다. 그러면서도 또 담배 한 모금, 코우즈키만 애가 탄다.

코우즈키

그러니까....뭐가 그렇게 새침하고 뭐가 그렇게 대담했는지,
방불하게 썩 말해보라니까?
이야기는 과정이 생명이잖나....알 만한 사람이 왜 이래!
그 년이 저항하던가? 그래서 엉덩이를 꽉 꼬집어주었나?
아니면 침을 뱉으며 혐오하던가?
それとも、 것도 아니면, 어서 해달라고 매달리던가?
『未亡人の愛犬』 [미망인의 애완견]에 나오는 과부 마님처럼?

얼굴을 바짝 들이대고 이야기를 기다리는 코우즈키의 간절한 표정에도
불구하고 백작의 얼굴은 싸늘하게 식더니 –

백작

네 이 놈! 히데코는 내 아내야.
제 아내하고 보낸 초야 얘기를 떠벌이는 놈이 어디 있다더냐.

입을 헤벌리고, 지금 자기가 무슨 소리를 들었나 돌이켜 생각해보는 코
우즈키.

147. 여객선 갑판 (저녁)

노을 배경으로 마주 선 히데코와 숙희의 옆모습이 영락없는 남녀 연인
이다. 아래위로 훑어보며 숙희의 자태를 감상하던 히데코, 무릎 꿇는다.
당황한 숙희, 허리 굽혀 말리려 든다. 그러나 히데코는 고집스레, 풀린
구두끈을 다 묶어주고야 일어선다. 이제 숙희 차례, 히데코 손을 끌어다
장갑을 벗긴다. 두 짝을 바다에 휙 던지는 숙희, 결혼반지도 뽑아 힘껏
던져버린다. 날아가는 반지를 쓸쓸한 눈으로 좇는 히데코.

148. 코우즈키 저택 서재 지하실 (저녁)

하얗게 질린 채 얼어붙은 코우즈키, 얼굴에 뿜어지는 백작의 담배 연기. 눈이 따가워 깜빡거리는 코우즈키, 끙- 무릎을 짚고 일어서더니 알아들을 수 없는 소리를 웅얼거리며 연장들이 수납된 벽으로 간다. 펜치와 커다란 녹슨 가위를 고른다. 백작, 올 것이 왔다는 눈빛. 코우즈키, 백작의 오른손을 도로 의자에 결박하면서도 연신 중얼중얼. 펜치로 백작의 팬티를 집고 가위로 싹둑 자르는 코우즈키, 눈을 크게 뜨려고 노력하며 백작의 아랫도리를 빤히 바라본다. 눈 깜빡깜빡하면서 고개를 들어 연기 자욱한 실내를 돌아보더니 뭉개진 발음으로 -

코우즈키
....그런데 자네 연기는, 차갑고 푸르고....
(연기를 어루만지려는 듯 허공에 손을 들며)
…みょうに美しいようだが。
....이상하게 아름다운 것 같아.

149. 여객선 일등선실 (저녁)

들어오는 두 여인. 모자에 감췄던 머리를 풀고 가방에서 흑단으로 된 긴 상자를 꺼내는 히데코, 선물처럼 내민다. 뚜껑 여는 숙희, 벨벳 위에 가지런히 놓인 은공 네 개가 드러난다. 무엇에 쓰는 물건인지 몰라 돌아보는 숙희.

150. 코우즈키 저택 서재 지하실 (저녁)

푸르게 떠도는 담배 연기를 바라보는 두 사람. 어눌한 발음으로 천천히 말하는 백작, 얼굴 근육이 멋대로 떨린다.

백작
수은은 기화했을 때 독성이 제일 세, 아마 한 대로도 충분했을걸?

그래도 자지는 지키고 죽을 수 있어서 다행이구나.

기분 좋게 미소 짓는 백작, 눈을 감고 숨을 힘껏 들이마신다.

151. 후원 (밤) - 회상

석등 옆에 서서 저택을 올려다보는 백작. 2층 히데코 방의 창은 시커멓지만 유심히 보노라니 커튼 뒤에 숨은 히데코의 실루엣이 어렴풋이 보인다. 웃지 않으려고 노력하면서 담배케이스를 꺼내는 백작. 흰 담배를 입에 물고, 라이터를 켜는 순간 -

152. 서재 (밤) - 회상

전등이 깜빡이면서, 낭독 중인 히데코의 얼굴이 명멸한다. 백작은 홀린 사람처럼 그녀 얼굴에 집중한다.

히데코
「いつこれを入れますか」金蘭が訊ねた。
「お嬢様が深く息をついて唾を飲むのか」
"언제 이것을 넣습니까?" 금란이 물었다.
"아가씨가 숨을 깊게 쉬고 침을 삼키는가?"

점점 어두워지던 불빛이 그예 꺼져버린다. 히데코 얼굴이 아주 사라진다.

153. 서재 지하실 (저녁)

백작의 고개가 툭 떨어진다. 코우즈키, 일어나다가 무릎이 푹 꺾인다. 엎어져 경련을 일으키는 코우즈키.

숙희

아가씨가 숨을 깊게 쉬고 침을 삼키는가?

154. 여객선 일등선실 (밤)

아름다운 나신을 드러낸 채 포옹한 히데코와 숙희. 천천히, 그러나 열렬히 키스하고 있다.

숙희

귀에 달콤한 말들을 속삭이며 입맞춤하는가?
너를 꽉 껴안고 젖꼭지를 만지작거리는가?
옥문이 매끈매끈해지면서 은근히 어깨를 무는가?

키스하면서 손을 뻗는 히데코, 구슬을 집어 든다. 딸랑딸랑 영롱한 소리가 나는 걸 보니 그냥 구슬이 아니라 방울이다. 숙희도 방울을 잡는다. 두 사람, 비단끈이 달린 방울들을 입에 넣어 굴렸다가 뺀 다음 아래로 가져간다. 몸놀림으로 보아 서로의 몸 안에 '면령'을 넣어주고 있음을 알 수 있다.

155. 바다 (밤)

밤바다를 달리는 큰 배.

숙희

바로 그 때다....

숙희

(소리)

아....히데코...!.

히데코

(소리)

아아아....숙희야....숙희야....!

격렬히 흔들리는 방울소리, 숙희와 히데코의 신음과 어울려 하나의 음악을 이룬다.

숙희

때를 잘 맞추면 아가씨는 몸을 비틀며 노래하는 여자처럼
즐거워할 것이다.

배 위에 펼쳐진 밤하늘 - 드디어 꽉 찬 보름달이 휘영청. 달이 수묵화로 바뀐다. 코우즈키 저택의 숙희 방과 히데코 방 사이 미닫이문에 붙어 있던 그 그림이다.

아가씨 각본

초판 1쇄 발행 2016년 8월 15일 **초판 21쇄 발행** 2023년 7월 17일

지은이 정서경 박찬욱 **펴낸이** 정상우
편집 이민정 **디자인** 공미경 **관리** 남영애 김명희
일본어 번역 이즈미 지하루

펴낸곳 그책
출판등록 2007년 11월 29일 (제13-237호)
주소 서울시 은평구 증산로 9길 32 (03496)
전화번호 02-333-3705 **팩스** 02-333-3745
facebook.com/thatbook.kr
Instagram.com/that_book

ISBN 978-89-94040-89-9 03680

그책 은 (주)오픈하우스의 문학·예술 브랜드입니다.

이 도서의 국립중앙도서관 출판예정도서목록(CIP)은
서지정보유통지원시스템 홈페이지(http://seoji.nl.go.kr)와
국가자료공동목록시스템(http://www.nl.go.kr/kolisnet)에서
이용하실 수 있습니다. (CIP 제어번호: CIP2016018650)